JN078299

赤シート×直前対策！

note book

重要語句チェック ＆ ぴたトレ専用ノート

社会公民

赤シートでかくしてチェック！

◀ 「ぴたトレ note book」は取り外してお使いください。

ぴたトレ notebook の使い方

重要語句チェックと専用ノートが1冊になっています。ぴたトレとセットで使って、学習に役立てましょう。

1 重要語句チェック　赤シートを使って、重要語句を覚えよう！

図解チェック
テストによくでる重要資料を確認しよう！

一問一答チェック
左の答えを赤シートでかくして、右の問題文を読もう！
重要語句を覚えているか確認しよう！

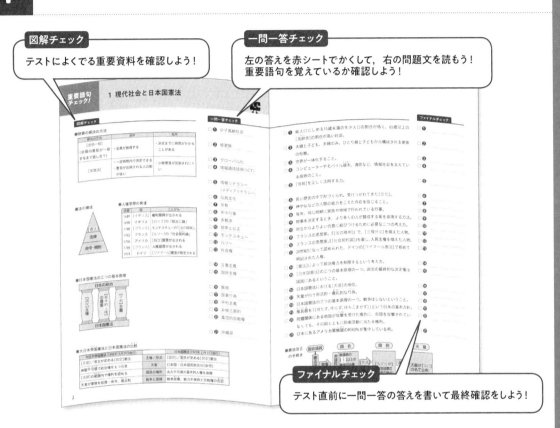

ファイナルチェック
テスト直前に一問一答の答えを書いて最終確認をしよう！

2 専用ノート　自分の学習コース（ぴたトレp. 2 - 3 参照）に合わせてノートを活用しよう！

学習日とぴたトレのページ数を記入しよう！

ぴたトレの解答をノートに書こう！
問題をくり返し解くことで、知識が定着するよ！

自分がノートを見返す時に
わかりやすいように学習した範囲を書き込もう！
例：ぴたトレp.20-25の範囲の問題を解いた場合、
「ぴたトレp.20-25」と書き込む。

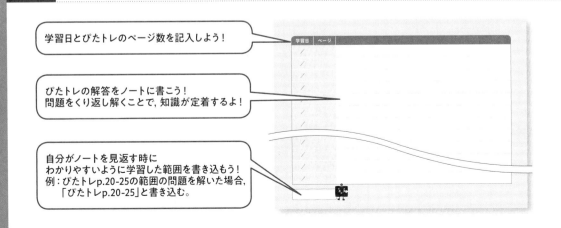

図解チェック

■物事の採決の方法

採決の方法	長所	短所
［全会一致］ （全員の意見が一致 するまで話し合う）	・全員が納得する	・決定までに時間がかかる 　ことがある
［多数決］	・一定時間内で決定できる ・意見が反映される人の数 　が多い	・少数意見が反映されにく 　い

■法の構成

［憲法］
法律
命令・規則

■人権思想の発達

西暦	国	ことがら
1689	［イギリス］	権利章典が出される
1690	イギリス	［ロック］の「統治二論」
1748	［フランス］	モンテスキューの「［法の精神］」
1762	フランス	［ルソー］の「社会契約論」
1776	アメリカ	［独立］宣言が出される
1789	［フランス］	人権宣言が出される
1919	ドイツ	［ワイマール］憲法が制定される

■日本国憲法の三つの基本原理

日本の政治
［国民］主権　［基本的人権］の尊重　［平和］主義
日本国憲法

一問一答チェック

- □ ❶ 少子高齢社会
- □ ❷ 核家族
- □ ❸ グローバル化
- □ ❹ 情報通信技術（ICT）
- □ ❺ 情報リテラシー
　　（メディアリテラシー）
- □ ❻ 伝統文化
- □ ❼ 宗教
- □ ❽ 年中行事
- □ ❾ 多数決
- □ ❿ 効率と公正
- □ ⓫ モンテスキュー
- □ ⓬ ルソー
- □ ⓭ 社会権
- □ ⓮ 立憲主義
- □ ⓯ 国民主権
- □ ⓰ 象徴
- □ ⓱ 国事行為
- □ ⓲ 平和主義
- □ ⓳ 非核三原則
- □ ⓴ 集団的自衛権
- □ ㉑ 沖縄県

■大日本帝国憲法と日本国憲法の比較

大日本帝国憲法（1890年11月29日施行）		日本国憲法（1947年5月3日施行）
［天皇］／君主が定める［欽定］憲法	主権／形式	［国民］／国民が定める［民定］憲法
神聖不可侵で統治権をもつ元首	天皇	日本国・日本国民統合の［象徴］
［法律］の範囲内で権利を認める	国民の権利	永久不可侵の基本的人権を保障
天皇が軍隊を指揮・命令，徴兵制	戦争と軍隊	戦争放棄，戦力不保持と交戦権の否認

□ ❶ 総人口にしめる15歳未満の年少人口の割合が低く，65歳以上の［高齢者（こうれい）］の割合が高い社会。

□ ❷ 夫婦と子ども，夫婦のみ，ひとり親と子どもから構成される家族の形態。

□ ❸ 世界が一体化すること。

□ ❹ コンピューターやモバイル端末（たんまつ），通信など，情報社会を支えている技術のこと。

□ ❺ ［情報］を正しく活用する力。

□ ❻ 長い歴史の中で形づくられ，受けつがれてきた［文化］。

□ ❼ 神や仏などの人間の能力をこえた存在を信じること。

□ ❽ 毎年，同じ時期に家族や地域で行われている行事。

□ ❾ 物事を決定するとき，より多くの人が賛成する案を採用する方法。

□ ❿ 対立からよりよい合意に結びつけるために必要な二つの考え方。

□ ⓫ フランスの思想家。『［法の精神］』で，［三権分立］を唱えた人物。

□ ⓬ フランスの思想家。『［社会契約論］』を著し，人民主権を唱えた人物。

□ ⓭ 20世紀になって認められた，ドイツの［ワイマール憲法］で初めて明記された人権。

□ ⓮ ［憲法］によって政治権力を制限するという考え方。

□ ⓯ ［日本国憲法］の三つの基本原理の一つ。政治の最終的な決定権は国民にあるということ。

□ ⓰ 日本国憲法における［天皇］の地位。

□ ⓱ 天皇が行う形式的・儀礼的（ぎれい・こうい）な行為。

□ ⓲ 日本国憲法の三つの基本原理の一つ。戦争はしないということ。

□ ⓳ 核兵器（かくへいき）を「［持たず，作らず，持ちこませず］」という日本の基本方針。

□ ⓴ 同盟関係にある他国が攻撃（こうげき）を受けた場合に，自国を攻撃されていなくても，その国とともに防衛活動に当たる権利。

□ ㉑ 日本にあるアメリカ軍施設（しせつ）の約40％が集中している県。

ファイナルチェック欄
□ ❶ ＿＿＿＿＿
□ ❷ ＿＿＿＿＿
□ ❸ ＿＿＿＿＿
□ ❹ ＿＿＿＿＿
□ ❺ ＿＿＿＿＿
□ ❻ ＿＿＿＿＿
□ ❼ ＿＿＿＿＿
□ ❽ ＿＿＿＿＿
□ ❾ ＿＿＿＿＿
□ ❿ ＿＿＿＿＿
□ ⓫ ＿＿＿＿＿
□ ⓬ ＿＿＿＿＿
□ ⓭ ＿＿＿＿＿
□ ⓮ ＿＿＿＿＿
□ ⓯ ＿＿＿＿＿
□ ⓰ ＿＿＿＿＿
□ ⓱ ＿＿＿＿＿
□ ⓲ ＿＿＿＿＿
□ ⓳ ＿＿＿＿＿
□ ⓴ ＿＿＿＿＿
□ ㉑ ＿＿＿＿＿

■憲法改正の手続き

国会議員 → 憲法改正案 ← 内閣 → 発案 → 国会 ［衆議院 総議員の［$\frac{2}{3}$］以上の賛成が必要／参議院 総議員の［$\frac{2}{3}$］以上の賛成が必要］ → ［発議］ → 国民 ［国民投票］（有効投票の過半数の賛成） → 承認 → 天皇 天皇が［国民］の名で公布

図解チェック

■基本的人権

■平等権と自由権

平等権		法の下の平等，両性の本質的平等 →男女共同参画社会基本法など
自由権	精神の自由	思想・良心の自由，信教の自由など
	身体の自由	奴隷的拘束・苦役からの自由など
	経済活動の自由	居住・移転・職業選択の自由など

■新しい人権

[環境権]	日照権など良好な環境を求める権利 [環境アセスメント]（環境影響評価）の実施など
[自己決定権]	自分の生き方などについて自由に決定する権利 **インフォームド・コンセント** **臓器提供意思表示カード**
[知る権利]	政治に関わる情報を手に入れることができる権利 国や地方では[情報公開制度]が設けられている
[プライバシーの権利]	個人の私生活に関する情報を公開されない権利 [個人情報保護制度]により個人情報を管理

■主な人権条約

採択年	日本の批准年	条約名
1965	1995	[人種差別撤廃]条約
1966	1979	国際人権規約
1979	1985	[女子]差別撤廃条約
1984	1999	拷問等禁止条約
1989	1994	[子ども(児童)]の権利条約
1989	未批准	死刑廃止条約
2006	2014	障害者権利条約

一問一答チェック

- □ ❶ 基本的人権
- □ ❷ 精神の自由
- □ ❸ 身体の自由
（生命・身体の自由）
- □ ❹ 経済活動の自由
- □ ❺ 平等権
- □ ❻ 社会権
- □ ❼ 生存権
- □ ❽ 教育を受ける権利
- □ ❾ 勤労の権利
- □ ❿ 団結権
- □ ⓫ 団体交渉権
- □ ⓬ 団体行動権
- □ ⓭ 労働基本権(労働三権)
- □ ⓮ 参政権
- □ ⓯ 請願権
- □ ⓰ 裁判を受ける権利
- □ ⓱ 請求権
- □ ⓲ 新しい人権
- □ ⓳ 知る権利
- □ ⓴ 公共の福祉
- □ ㉑ 世界人権宣言
- □ ㉒ 納税の義務

□ ❶ 人間が生まれながらにしてもっている，不可欠の権利。

□ ❷ ［自由権］のうち，思想・良心の自由，信教の自由，集会・結社・表現の自由，学問の自由などのこと。

□ ❸ ［自由権］のうち，奴隷的拘束・苦役からの自由，法定手続きの保障，拷問・残虐な刑罰の禁止などのこと。

□ ❹ ［自由権］のうち，居住・移転の自由，職業選択の自由，財産権の保障などのこと。

□ ❺ 個人の尊重，［法の下の平等］などの権利のこと。

□ ❻ 人間らしい生活を営む権利のこと。

□ ❼ ❻のうち，健康で文化的な最低限度の生活を営む権利。

□ ❽ ❻のうち，だれもが学校へ行き，教育を受けられる権利。

□ ❾ ❻のうち，だれもが仕事について働くことができる権利。

□ ❿ 労働者が団結して労働組合をつくることができる権利。

□ ⓫ 労働組合が賃金などの労働条件の改善を求めて使用者と交渉することができる権利。

□ ⓬ 労働組合が使用者に対する要求を実現するため，［ストライキ］などを行う権利。

□ ⓭ ❿，⓫，⓬の三つの権利の総称。

□ ⓮ ［選挙権］や［被選挙権］など，政治に参加する権利。

□ ⓯ ⓮にふくまれる，国や地方公共団体（地方自治体）に対して，要望をする権利。

□ ⓰ 人権を保障するための権利の一つで，裁判所に訴え，公正な裁判によって救済を受けることができる権利。

□ ⓱ ⓰や［国家賠償請求権］，［刑事補償請求権］の総称。

□ ⓲ ［環境権］，［プライバシーの権利］，［自己決定権］など憲法に規定されていないが，近年認められるようになった人権。

□ ⓳ ⓲の人権のうち，国・地方公共団体などがもっている情報の公開を求める権利。

□ ⓴ 社会全体の利益のことで，自由や権利の濫用を制限する場合に使われる言葉。

□ ㉑ 1948年に国際連合の総会で採択された，達成すべき人権保障の水準を定めた宣言。

□ ㉒ ［勤労の義務］，子どもに［普通教育を受けさせる義務］とならぶ，国民の三大義務の一つ。

□ ❶ _____

□ ❷ _____

□ ❸ _____

□ ❹ _____

□ ❺ _____

□ ❻ _____

□ ❼ _____

□ ❽ _____

□ ❾ _____

□ ❿ _____

□ ⓫ _____

□ ⓬ _____

□ ⓭ _____

□ ⓮ _____

□ ⓯ _____

□ ⓰ _____

□ ⓱ _____

□ ⓲ _____

□ ⓳ _____

□ ⓴ _____

□ ㉑ _____

□ ㉒ _____

図解チェック

■選挙の基本原則

普通選挙 （ふつう）	一定年齢（ねんれい）以上の全ての国民に選挙権
平等選挙	一人一票
直接選挙	直接選出
秘密選挙	投票先を知られないよう無記名で投票

■主な選挙制度

	投票先	得票数	結 果
「小選挙区」制	候補者に投票	A候補10票 B候補 6票 C候補 2票	最多得票の1人が当選 A候補 B候補 C候補
「比例代表」制（の定数3）（の場合）	政党に投票	A党20票	政党の得票数に応じて当選 当 当 ×
		B党10票	当 × ×
		C党 5票	× × ×

■衆議院と参議院

[衆議院]	項目	[参議院]
[465]人 小選挙区289人 比例代表176人	議員定数	[245]人 ※2022年の選挙で248人になる予定。 選挙区147人 比例代表98人
4 年	任期	6 年（3 年ごとに半数を改選）
18歳以上	選挙権	18歳以上
[25]歳以上	被選挙権（ひ）	[30]歳以上
[あり]	解散	[なし]

■法律ができるまで

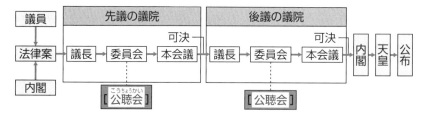

一問一答チェック

- □ ❶ 普通選挙
- □ ❷ 小選挙区制
- □ ❸ 比例代表制
- □ ❹ 小選挙区比例代表並立制
- □ ❺ 一票の格差
- □ ❻ 政党
- □ ❼ 与党
- □ ❽ 野党
- □ ❾ 連立政権（連立内閣）
- □ ❿ 世論
- □ ⓫ 国会
- □ ⓬ 常会（通常国会）
- □ ⓭ 二院制（両院制）
- □ ⓮ 衆議院の優越
- □ ⓯ 両院協議会
- □ ⓰ 公聴会
- □ ⓱ 内閣
- □ ⓲ 国務大臣
- □ ⓳ 議院内閣制
- □ ⓴ 行政改革

□ ❶ 一定年齢以上の全ての国民が，財産や性別にかかわりなく[選挙権]をもつという原則。

□ ❷ 一つの選挙区から１名を選ぶ選挙制度。

□ ❸ 得票数に応じて各政党に議席を割り当てる選挙制度。

□ ❹ ❷と❸を組み合わせた[衆議院]議員の選挙制度。

□ ❺ 各選挙区の議員１人あたりの有権者数の差のこと。

□ ❻ 政治に対する考え方が同じ人々が政策などを実現するために作った団体。

□ ❼ 選挙で多数の議席を得て，政権を担当する❻のこと。

□ ❽ 政権を担当せず，政権への批判や監視を行う❻のこと。

□ ❾ 複数の❻によって運営される政権（[内閣]）。

□ ❿ 政治や社会に関して，国民の多数がもっている意見。

□ ⓫ [国権の最高機関]で，国の[唯一の立法機関]である国の機関。

□ ⓬ 毎年１月に召集される⓫のこと。

□ ⓭ 審議を慎重に行うため，⓫に[衆議院]と[参議院]の二つの議会が置かれている仕組み。

□ ⓮ 衆議院のほうが参議院よりも強い権限があること。

□ ⓯ 衆議院と参議院の議決が一致しないときに開かれる会議。

□ ⓰ ⓫の委員会で，議題について，専門家を招いて意見を聞く会。

□ ⓱ ⓫で決めた法律や予算に従って実際の仕事である[行政]を行う国の機関。

□ ⓲ ⓱で，[内閣総理大臣]以外の大臣の総称。

□ ⓳ ⓱が⓫の信任によって成立し，国の政治について連帯して責任を負う仕組み。

□ ⓴ 行政の組織や業務の無駄を省いて効率化し，行政の簡素化を目指す改革。

ファイナルチェック欄

□ ❶ _____
□ ❷ _____
□ ❸ _____
□ ❹ _____
□ ❺ _____
□ ❻ _____
□ ❼ _____
□ ❽ _____
□ ❾ _____
□ ❿ _____
□ ⓫ _____
□ ⓬ _____
□ ⓭ _____
□ ⓮ _____
□ ⓯ _____
□ ⓰ _____
□ ⓱ _____
□ ⓲ _____
□ ⓳ _____
□ ⓴ _____

■議院内閣制の仕組み

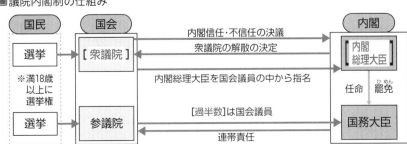

図解チェック

■［三権分立］

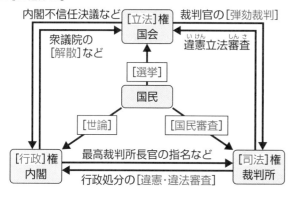

■［選挙権］と被選挙権

		選挙権	被選挙権
国	衆議院議員	［18］歳以上	［25］歳以上
	参議院議員		［30］歳以上
地方公共団体	市（区）町村長		［25］歳以上
	市（区）町村議会議員		［25］歳以上
	都道府県知事		［30］歳以上
	都道府県議会議員		［25］歳以上

■［直接請求権］

内容	必要な署名	請求先
条例の制定・改廃	有権者の［1/50］以上	［首長］
事務の監査		監査委員
議会の解散	有権者の［1/3］以上	［選挙管理委員会］
議員・首長の解職		
主要な職員の解職		首長

一問一答チェック

- ❶ 裁判所
- ❷ 三審制
- ❸ 控訴
- ❹ 上告
- ❺ 司法権の独立
- ❻ 民事裁判
- ❼ 刑事裁判
- ❽ 裁判員制度
- ❾ 国民審査権
- ❿ 違憲審査権
  （違憲立法審査権, 法令審査権）
- ⓫ 地方自治
- ⓬ 地方分権
- ⓭ 地方議会
- ⓮ 条例
- ⓯ 首長
- ⓰ 直接請求権
- ⓱ 住民投票
- ⓲ 地方債
- ⓳ 地方交付税交付金
  （地方交付税）
- ⓴ 国庫支出金
- ㉑ NPO（非営利組織）

□ ❶ 法に基づいて争いごとを解決する権限である［司法権］をもつ国の機関。

□ ❷ 一つの事件で，3回まで裁判を受けられる制度。

□ ❸ 第一審の判決に不服がある場合，第二審を求めること。

□ ❹ 第二審の判決に不服がある場合，第三審を求めること。

□ ❺ 裁判官は憲法・法律と自らの良心にのみ従って裁判を行うという原則。

□ ❻ 私人間の争いごとを解決するために行われる裁判。訴えた人が［原告］，訴えられた人が［被告］と呼ばれる。

□ ❼ 犯罪行為があったかどうかを判断し，有罪の場合には刑罰を決める裁判。［検察官］が起訴し，訴えられた人が［被告人］。

□ ❽ 重大な❼において，国民の中から選ばれた［裁判員］が裁判官とともに審理し，有罪か無罪かを判断する制度。

□ ❾ ［最高裁判所］の裁判官に対して，国民が直接投票することで審査を行う権利。

□ ❿ 国会や内閣の定めた法律などが憲法に違反していないかどうかを審査する権限。最高裁判所は「［憲法の番人］」。

□ ⓫ 地域の問題を，地域住民自らの手で解決し，地域住民の意思に基づいて地域を運営していくこと。

□ ⓬ 国が地域の問題にあまりかかわらず，仕事や財源を国から地方公共団体へ移すこと。

□ ⓭ 都道府県議会や市（区）町村議会の総称。

□ ⓮ ⓭が法律の範囲内で定める，その［地方公共団体］だけに適用されるきまりのこと。

□ ⓯ 地方公共団体の長の総称。都道府県知事。市（区）町村長。

□ ⓰ 一定の署名数があれば，⓮の制定・改廃，⓭の解散，⓯や⓭の議員の解職（［リコール］）を求めることができる権利。

□ ⓱ 地域の重要な課題について，住民の意見を問うために行われる投票。

□ ⓲ 地方公共団体の依存財源のうち，地方公共団体が発行する［公債］で，地方公共団体の借金に当たるもの。

□ ⓳ 地方公共団体の依存財源のうち，地方公共団体間の財政格差をなくすため，国が使い方を定めずに配分する財源。

□ ⓴ 地方公共団体の依存財源のうち，使い方を指定して，国が地方公共団体に支出する財源。

□ ㉑ 社会への貢献活動を，利益の追求を目的とせず行う民間団体。

ファイナルチェック
□ ❶ _____
□ ❷ _____
□ ❸ _____
□ ❹ _____
□ ❺ _____
□ ❻ _____
□ ❼ _____
□ ❽ _____
□ ❾ _____
□ ❿ _____
□ ⓫ _____
□ ⓬ _____
□ ⓭ _____
□ ⓮ _____
□ ⓯ _____
□ ⓰ _____
□ ⓱ _____
□ ⓲ _____
□ ⓳ _____
□ ⓴ _____
□ ㉑ _____

図解チェック

■[株式会社]の仕組み

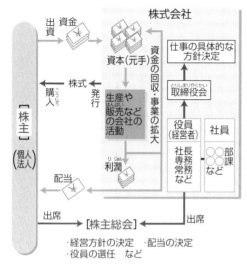

■需要・供給・価格の関係

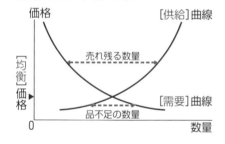

■[景気]変動

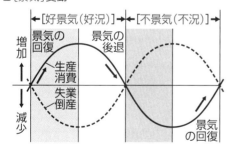

■景気変動

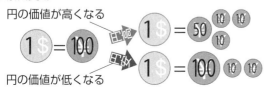

一問一答チェック

- ☐ ❶ 家計
- ☐ ❷ 消費支出
- ☐ ❸ 貯蓄

- ☐ ❹ 製造物責任法(PL法)

- ☐ ❺ クーリング・オフ (クーリングオフ制度)
- ☐ ❻ 消費者基本法

- ☐ ❼ 消費者庁
- ☐ ❽ 流通
- ☐ ❾ 卸売業
- ☐ ❿ 企業

- ☐ ⓫ 株式会社

- ☐ ⓬ 労働基準法
- ☐ ⓭ 需要(量)
- ☐ ⓮ 供給(量)
- ☐ ⓯ 均衡価格
- ☐ ⓰ 市場価格
- ☐ ⓱ 独占
- ☐ ⓲ 独占禁止法

- ☐ ⓳ 公正取引委員会
- ☐ ⓴ 公共料金

- ☐ ㉑ 直接金融
- ☐ ㉒ クレジットカード

- ☐ ㉓ 発券銀行
- ☐ ㉔ インフレーション
- ☐ ㉕ 為替相場(為替ルート)

□ ❶ 一つの家庭の収入と支出を合わせたもの。消費生活を営む単位。

□ ❷ ❶のうち，生活に必要な[財]・[サービス]への支出。

□ ❸ ❶の収入（所得）から税金などや，❷を差し引いた残りのこと。将来に備えて蓄えておくこと。

□ ❹ 欠陥がある商品によって消費者が被害を受けた場合，製造した企業に賠償責任を負わせる法律。

□ ❺ 訪問販売で契約した場合，一定の期間内であれば，無条件に契約を取り消すことを業者に要求できる制度。

□ ❻ 消費者の権利を守るために，国や地方公共団体，企業の責任を定めた法律。

□ ❼ 2009年に，消費者保護政策に取り組むために設置された省庁。

□ ❽ 商品が生産者から消費者に届くまでの流れのこと。

□ ❾ 生産者から商品を買い，小売店に売る業種。

□ ❿ 利益を得ることを目的として，商品を製造したり販売したりしている組織や個人のこと。

□ ⓫ [株式]を発行して資金を集め，株式を買った[株主]に利潤の一部を[配当]として配る企業。

□ ⓬ 労働三法の一つで，労働条件の基準を定めた法律。

□ ⓭ 消費者が買おうとする量のこと。

□ ⓮ 生産者が売ろうとする量のこと。

□ ⓯ ⓭と⓮がつり合って決まる価格のこと。

□ ⓰ [市場]で売買されている価格のこと。

□ ⓱ 物やサービスの供給が一つの企業に集中し，競争がない状態のこと。

□ ⓲ 消費者の利益を守るため，⓱の状態を解消し，競争をうながすことを目的とした法律。

□ ⓳ ⓲の法律を実際に運用する機関のこと。

□ ⓴ 水道・電気・ガスの料金などのように，国や地方公共団体が決定したり，認可したりする価格のこと。

□ ㉑ [金融]のうち，出資者から直接資金を借りること。

□ ㉒ カード会社が利用者に代わって一時的に代金を店に支払い，後日利用者の銀行口座から引き落とされるカード。

□ ㉓ [日本銀行]の役割のうち，紙幣を発行する役割。

□ ㉔ [物価]が上昇し続ける現象。

□ ㉕ 通貨と通貨を交換する比率。

ファイナルチェック欄:
□ ❶ _____
□ ❷ _____
□ ❸ _____
□ ❹ _____
□ ❺ _____
□ ❻ _____
□ ❼ _____
□ ❽ _____
□ ❾ _____
□ ❿ _____
□ ⓫ _____
□ ⓬ _____
□ ⓭ _____
□ ⓮ _____
□ ⓯ _____
□ ⓰ _____
□ ⓱ _____
□ ⓲ _____
□ ⓳ _____
□ ⓴ _____
□ ㉑ _____
□ ㉒ _____
□ ㉓ _____
□ ㉔ _____
□ ㉕ _____

図解チェック

■税金の種類

		[直接]税	[間接]税
[国]税		[所得]税 法人税 相続税	[消費]税 揮発油税 酒税　関税
[地方税]	(都)道府県税	(都)道府県民税 事業税 自動車税	(都)道府県たばこ税 ゴルフ場利用税 地方消費税
	市(区)町村税	市(区)町村民税 固定資産税	市(区)町村たばこ税

■日本の社会保障制度

種類	仕事の内容
[社会保険]	医療保険　介護保険　年金保険 雇用保険　労災保険
[公的扶助]	生活保護
[社会福祉]	高齢者福祉　児童福祉 障がい者福祉　母子・父子・寡婦福祉
[公衆衛生]	感染症対策　上下水道整備 廃棄物処理　公害対策など

■労働者を守る法律

[労働基準]法	労働条件の最低基準を定めた法律
[労働組合]法	労働三権を具体的に保障した法律
[労働関係調整]法	労働者と使用者の対立を調整し、 両者の関係を正常にするための法律

■四大公害

[新潟水俣病]

[イタイイタイ病]

[四日市ぜんそく]

[水俣病]

- □ ❶ 財政
- □ ❷ 歳入
- □ ❸ 歳出
- □ ❹ 国債

- □ ❺ 間接税

- □ ❻ 国税
- □ ❼ 地方税
- □ ❽ 累進課税

- □ ❾ 社会資本
- □ ❿ 財政政策
- □ ⓫ 社会保障

- □ ⓬ 社会保険

- □ ⓭ 公的扶助

- □ ⓮ 社会福祉

- □ ⓯ 公衆衛生

- □ ⓰ 介護保険

- □ ⓱ イタイイタイ病
- □ ⓲ 環境省

- □ ⓳ 環境基本法

- □ ⓴ 国内総生産（GDP）

- ☐ ❶ 政府が行う経済活動のこと。
- ☐ ❷ 政府の1年間の収入のこと。
- ☐ ❸ 政府の1年間の支出のこと。
- ☐ ❹ 政府が❷の不足を補うために発行する債券のこと。地方公共団体が発行するものを[地方債]という。
- ☐ ❺ [消費税]のように，税金を納める人と，実際に負担する人が違う税のこと。
- ☐ ❻ 国に納める税のこと。
- ☐ ❼ 地方公共団体へ納める税のこと。
- ☐ ❽ 税の公平性を確保するため，所得の多い人ほど税率が高くなる仕組み。
- ☐ ❾ 政府が経済活動で提供する，道路・公園・水道などのこと。
- ☐ ❿ ❷や❸を通じて景気の安定を図る政府の役割。
- ☐ ⓫ 憲法25条に定められている[生存権]（健康で文化的な最低限度の生活を営む権利）を保障するための仕組み。
- ☐ ⓬ ⓫の一つで，加入者が前もってかけ金を積み立てておき，病気や失業など必要なときに給付を受ける仕組み。
- ☐ ⓭ ⓫の一つで，生活に困っている人に，生活費や教育費を支給する仕組み。[生活保護]ともいう。
- ☐ ⓮ ⓫の一つで，児童・高齢者・障がいのある人など，社会的弱者を支援するための仕組み。
- ☐ ⓯ ⓫の一つで，人々が健康な生活を送れるよう，環境衛生の改善や感染症の予防などを行うこと。
- ☐ ⓰ ⓬の一つで，40歳以上の人が加入し，介護が必要となったときにサービスが受けられる仕組み。
- ☐ ⓱ 富山県の神通川流域で，水質汚濁が原因で発生した公害病。
- ☐ ⓲ 公害病や自然環境の保護を専門にあつかう，2001年に設置された省庁。
- ☐ ⓳ 公害問題に取り組むために制定された公害対策基本法を発展させ，1993年に制定された法律。
- ☐ ⓴ 国内で一定期間に生産された，財やサービスの付加価値の合計。

図解チェック

■日本の領域と領土問題

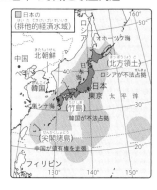

■日本の北端・東端・南端・西端

北端	[択捉島]	東端	南鳥島
南端	沖ノ鳥島	西端	与那国島

■領域の模式図

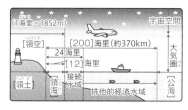

■[国際連合]の主な仕組み

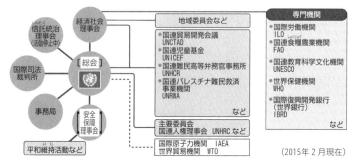

（2015年2月現在）

■世界の主な地域統合 （2020年7月現在）

[ヨーロッパ連合](EU)	1993年発足，共通通貨[ユーロ]を一部の加盟国で導入
[東南アジア諸国連合]（ASEAN）	1967年発足，東南アジア10か国が加盟
アジア太平洋経済協力会議（APEC）	1989年発足，アジア太平洋地域の21の国と地域が加盟

一問一答チェック

- □ ❶ 主権国家
- □ ❷ 排他的経済水域（経済水域）
- □ ❸ 日章旗（日の丸）
- □ ❹ 国際法
- □ ❺ 総会
- □ ❻ 安全保障理事会
- □ ❼ 拒否権
- □ ❽ 国連児童基金（ユニセフ）
- □ ❾ 平和維持活動（PKO）
- □ ❿ ヨーロッパ連合（EU）
- □ ⓫ 東南アジア諸国連合（ASEAN）
- □ ⓬ 南北問題
- □ ⓭ 南南問題
- □ ⓮ 地球環境問題
- □ ⓯ 地球温暖化
- □ ⓰ 化石燃料
- □ ⓱ 再生可能エネルギー
- □ ⓲ 地域紛争
- □ ⓳ 政府開発援助（ODA）
- □ ⓴ 核拡散防止条約（核兵器不拡散条約（NPT））

□ ❶ [領域](領土・領海・領空)，[国民]，[主権]をもつ国のこと。

□ ❷ 沿岸国がその資源を利用することができる，海岸線から領海をのぞく[200海里]以内の海域のこと。

□ ❸ 法律で定められた日本の[国旗]。（日本の国歌は「[君が代]」）

□ ❹ 条約や国際慣習法など，国際社会のルールのこと。

□ ❺ 全加盟国によって構成される国際連合の最高機関。

□ ❻ 15の理事国で構成されている，世界の平和と安全の維持に最も重要な役割を果たす国連機関。

□ ❼ ❻の[常任理事国](米・英・仏・露・中)がもつ，1か国でも反対すると決議できないという権限のこと。

□ ❽ 国連の機関の一つで，世界の子どもたちの命と健康と教育を守るための活動を行う機関。

□ ❾ 国連が戦争や内戦で苦しむ地域で行う，停戦や選挙の監視などの活動。

□ ❿ ヨーロッパの地域統合を目指す組織。[ユーロ]を導入。

□ ⓫ 東南アジア10か国から構成される，政治・経済・安全保障などの分野で協力を進める組織。

□ ⓬ 北半球に多い[先進国]と，南半球に多い[発展途上国]との経済格差問題のこと。

□ ⓭ 経済発展が著しい[NIES]などの国々とその他の発展途上国との間で見られる経済格差問題のこと。

□ ⓮ 地球規模で起こっている，オゾン層の破壊・酸性雨・砂漠化などの総称。

□ ⓯ ⓮のうち，二酸化炭素などの[温室効果ガス]が原因で起こっている，地球全体の気温が上昇している現象。

□ ⓰ 世界で最も多く消費されている，原油(石油)・石炭・天然ガスなどのエネルギー資源の総称。

□ ⓱ 太陽光・風力・地熱・バイオマスなどの枯渇する心配がないエネルギー資源の総称。

□ ⓲ 国家間での戦争ではなく，民族や宗教上の対立から起こる争いのこと。[難民]の発生。

□ ⓳ [先進国]が[発展途上国]に行う資金援助や技術協力のこと。

□ ⓴ 1968年に採択された，核兵器を保有していない国が，新たに核兵器を持つことを禁止する条約。

□ ❶ _____
□ ❷ _____
□ ❸ _____
□ ❹ _____
□ ❺ _____
□ ❻ _____
□ ❼ _____
□ ❽ _____
□ ❾ _____
□ ❿ _____
□ ⓫ _____
□ ⓬ _____
□ ⓭ _____
□ ⓮ _____
□ ⓯ _____
□ ⓰ _____
□ ⓱ _____
□ ⓲ _____
□ ⓳ _____
□ ⓴ _____

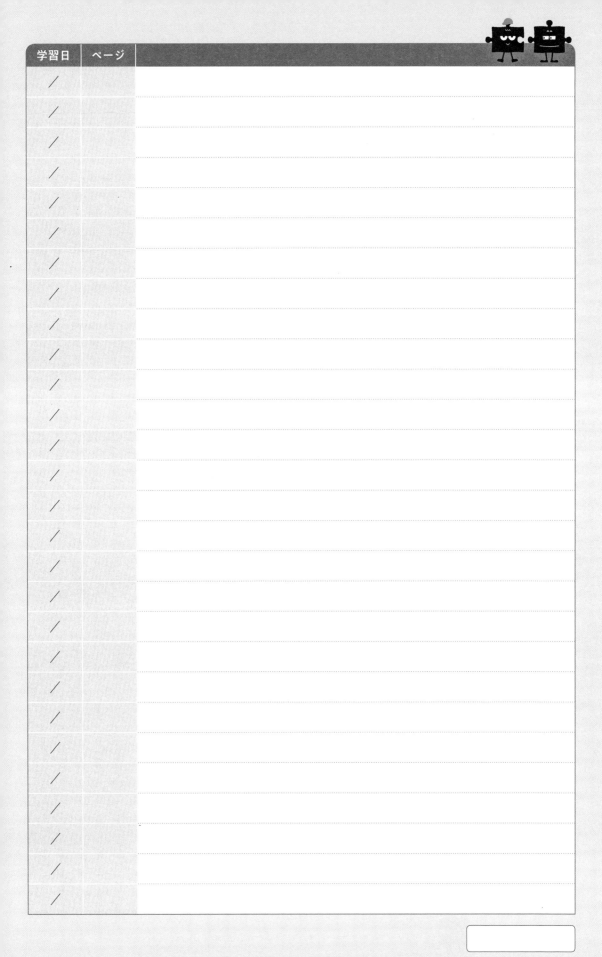

学習日	ページ	
/		
/		
/		
/		
/		
/		
/		
/		
/		
/		
/		
/		
/		
/		
/		
/		
/		
/		
/		
/		
/		
/		
/		
/		
/		
/		

学習日	ページ	
/		
/		
/		
/		
/		
/		
/		
/		
/		
/		
/		
/		
/		
/		
/		

学習日	ページ	
/		
/		
/		
/		
/		
/		
/		
/		
/		

学習日	ページ	
/		
/		
/		
/		
/		
/		
/		
/		
/		
/		
/		
/		
/		
/		
/		
/		
/		
/		
/		
/		
/		
/		
/		
/		
/		

学習日	ページ	
/		
/		
/		
/		
/		
/		
/		
/		
/		
/		
/		
/		
/		
/		
/		
/		
/		
/		
/		
/		
/		
/		
/		
/		
/		

学習日	ページ	
/		
/		
/		
/		
/		
/		
/		
/		
/		
/		
/		
/		
/		
/		
/		
学習日	ページ	
/		
/		
/		
/		
/		
/		
/		
/		

学習日	ページ	
/		
/		
/		
/		
/		
/		
/		
/		
/		
/		
/		
/		
/		
/		
/		

学習日	ページ	
/		
/		
/		
/		
/		
/		
/		
/		

学習日	ページ	
/		
/		
/		
/		
/		
/		
/		
/		
/		
/		
/		
/		
/		
/		
/		
/		
/		
/		
/		
/		
/		
/		
/		
/		
/		

学習日	ページ
/	
/	
/	
/	
/	
/	
/	
/	
/	
/	
/	
/	
/	
/	

学習日	ページ
/	
/	
/	
/	
/	
/	
/	
/	
/	

学習日	ページ	
/		
/		
/		
/		
/		
/		
/		
/		
/		
/		
/		
/		
/		
/		
/		
/		
/		
/		
/		
/		
/		
/		
/		
/		
/		
/		

学習日	ページ	
/		
/		
/		
/		
/		
/		
/		
/		
/		
/		
/		
/		
/		
/		
/		
/		
/		
/		
/		
/		
/		
/		
/		
/		

学習日	ページ	
/		
/		
/		
/		
/		
/		
/		
/		
/		
/		
/		
/		
/		
/		
/		
学習日	ページ	
/		
/		
/		
/		
/		
/		
/		
/		

目次

▌ 成績アップのための学習メソッド　▸ 2~5

▌ 学習内容

※原則, ぴたトレ1は偶数, ぴたトレ2は奇数ページになります。

▌ 定期テスト予想問題　▸ 105~120

▌ 解答集　▸ 別冊

[写真提供]　＊一部画像はトリミングして掲載しています。

旭川市教育委員会／朝日新聞社／アフロ／共同通信社／公益財団法人日本環境協会　エコマーク事務局／神戸市中央区環境局業務課:神戸広報印刷物「ごみと資源の分け方・出し方」／国連広報センター／時事通信フォト／東阪航空サービス／アフロ／那覇市歴史博物館／日本銀行／日本臓器移植ネットワーク／毎日新聞社／アフロ／幕別町教育委員会／ロイター／アフロ／渡辺広史／アフロ／AFP=時事／Alamy／アフロ／AP／アフロ／(c)apjt/amanaimages／(c)Sipa USA/amanaimages／dpa/時事通信フォト／EPA=時事／PPS通信社

※本書は,東京書籍発行の「新しい社会　公民」を参考に編集しています。

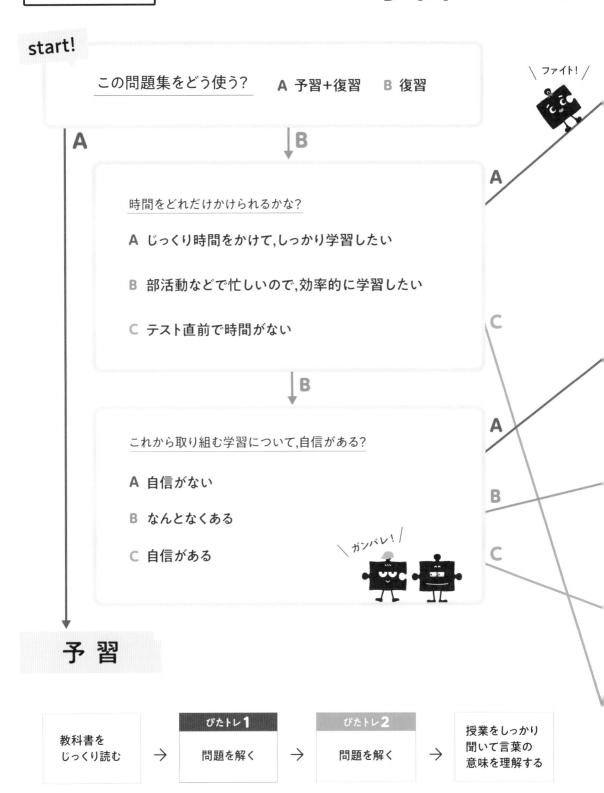

自分にあった学習法を
見つけよう!

成績アップのための 学習メソッド

start!

この問題集をどう使う？　A 予習+復習　B 復習

\ ファイト！/

A

B

A

時間をどれだけかけられるかな？

A じっくり時間をかけて,しっかり学習したい

B 部活動などで忙しいので,効率的に学習したい

C テスト直前で時間がない

C

B

A

これから取り組む学習について,自信がある？

A 自信がない

B なんとなくある

C 自信がある

B

C

\ ガンバレ！/

予 習

| 教科書を
じっくり読む | → | **ぴたトレ1**
問題を解く | → | **ぴたトレ2**
問題を解く | → | 授業をしっかり
聞いて言葉の
意味を理解する |

わからない時は…学校の先生に聞いたり,教科書を読みながらぴたトレ1・2を解いたりしよう！

復 習

目安の時間には,丸付けや見直しの時間も含まれているよ。
テストの前には,定期テスト予想問題にも取り組もう。

じっくりコース

教科書 **ぴたトレ1**
・ぴたトレ1 に対応する教科書のページを読む
・問題を解く(1回目)

→

ぴたトレ2
問題を解く(1回目)
↳ 解けないときは ヒント を見る, ぴたトレ1 に戻る,間違えた問題にチェックをつける

→

ぴたトレ1
問題を解く(2回目)
↳ 間違えた問題にチェックをつける

↓

くり返し問題を解くときは別冊note bookを使おう!

反復練習
ぴたトレ1 ぴたトレ2 の間違えた問題だけをくり返し解く

←

ぴたトレ3 45分
テストを解く
↳ 解けないときは ぴたトレ1 ぴたトレ2 に戻る

←

ぴたトレ2
問題を解く(2回目)
↳ 解けないときは ヒント を見る ぴたトレ1 に戻る

時短 A コース

ぴたトレ1 30分
問題を2回解く

→

ぴたトレ2 30分
問題を2回解く

→

ぴたトレ3 45分
テストを解く

時短 B コース

ぴたトレ1 20分
・問題を解く
・間違えた問題だけをもう一度解く

→

ぴたトレ2 20分
問題を解く

→

ぴたトレ3 45分
テストを解く

時短 C コース

ぴたトレ1
省略

→

ぴたトレ2 15分
書きトレ! を解く

→

ぴたトレ3 45分
テストを解く

日常学習

めざせ,点数アップ! テスト直前コース

5日前 ぴたトレ1
・解答集を見ながら問題の答えを赤ペンで書く
・赤シートで隠して文を読む

→

3日前 ぴたトレ2
問題を解く

→

1日前 定期テスト予想問題
テストを解く

→

当日 別冊note book
赤シートを使って重要語句を最終確認する

コースがきまったら,4~5ページを見てみよう ➡

《 ぴたトレの構成と使い方 》

教科書ぴったりトレーニングは,おもに,「ぴたトレ1」,「ぴたトレ2」,「ぴたトレ3」で構成されています。それぞれの使い方を理解し,効率的に学習に取り組みましょう。

なお,「ぴたトレ3」「定期テスト予想問題」では学校での成績アップに直接結びつくよう,通知表における観点別の評価に対応した問題を取り上げています。

学校の通知表は以下の観点別の評価がもとになっています。

一緒にがんばろう!

知識
技能

思考力
判断力
表現力

主体的に
学習に
取り組む態度

教科書を読みましょう。
（予習・じっくりコース推奨）

学習メソッド

・教科書をじっくり読んで,これから勉強する内容の流れを,おおまかに頭に入れてみよう。
・太字は出題されやすいから,しっかり読んで覚えよう。

別冊notebookも使ってくり返し問題を解く習慣を身に付けよう！

ぴたトレ1
要点チェック

基本的な問題を解くことで,基礎学力が定着します。

要点整理

穴埋め式の問題です。
教科書の重要語句を
確認しましょう。

学習メソッド

ぴたトレ1では,教科書の内容を整理しながら,重要語句の確認ができるよ。

時間があるときは,教科書を読んでから取り組むと理解度がアップするよ。

わからない問題や,間違えた問題はチェックして,もう一度解くようにしよう。

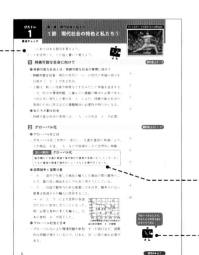

学習メソッド

解答欄は,自分のコースにあう使い方をしてみてね。

・問題を解いて答えを書き込む。

・解答集を見ながら赤ペンで書き込む。
　→赤シートで解答欄を隠しながら,
　文を読んでみよう。

・解答はノートに書き込む。
　→くり返し問題を解くことができるよ。

詳しく解説！

おさえておきたい重要語句の解説です。

リー子のひとこと

ポイントや注意事項を紹介しています。

ぴたトレ2

練習

理解力・応用力をつける問題です。

学習メソッド

ぴたトレ2は,ぴたトレ1と対応した
範囲の問題になっているよ。

記述問題に挑戦してみましょう。
資料の読み取りが必要な問題もあり,
思考力を鍛えることができます。

ヒント

問題を解く手がかりです。

学習メソッド

解答欄は,自分のコースにあう
使い方をしてみてね。

• 問題を解いて答えを書き込む。

• 解答はノートに書き込む。
 →くり返し問題を解くことが
 できるよ。

わからないときは,下の「ヒント」
を見よう。「ぴたトレ1」に戻って
確認するのもOK。

わからない問題や,間違えた問
題はチェックして,もう一度解く
ようにしよう。

ぴたトレ3

確認テスト

どの程度学力がついたかを自己診断するテストです。

成績評価の観点

技 思

問題ごとに「技能」「思考力・
判断力・表現力」の評価の観点
が示してあります。
※観点の表示がないものは「知識」です。

作図

作業を伴う問題に表示します。

テストで高得点を
狙える,やや難しい
問題です。

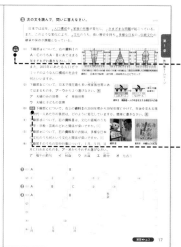

**よく
出る**

テストで問われることが
多い問題です。

記述

文章で答える
問題です。

学習メソッド

**テスト本番のつもりで
何も見ずに解こう。**

• わからない語句があった→ぴたトレ1に戻ろう。

• わからない問題があった→ぴたトレ2の問題を解いてみよう。

学習メソッド

答え合わせが終わったら,
苦手な問題がないか確認しよう。

定期テスト
予想問題

・定期テストに出そうな問題を掲載しています。
・解答集の「出題傾向」で,傾向と対策を確認しましょう。

学習メソッド

ぴたトレ3と同じように,テスト本番のつも
りで解こう。テスト前に,学習内容を本当
に理解できているかどうかを確認しよう。

（　）にあてはまる語句を答えよう。
ノートを活用して，くり返し書いて覚えよう。

1 少子高齢化と家族の多様化

◉ **少子高齢化とは**

・日本と**少子高齢社会**…**合計特殊出生率**の減少により子どもの
数が減少する（ ① ）と，（ ② ）ののびにより高齢者の割合が
上昇する（ ③ ）が進んでいる。

> **詳しく解説！** **合計特殊出生率**
> 一人の女性が一生の間に生む子どもの平均数のこと。減少の理由には，
> 結婚年齢の上昇や共働きの夫婦の増加などがある。

◉ **多様化する家族の形／少子高齢社会の課題**

・戦後の日本では，親と子ども，または夫婦で構成される
（ ④ ）世帯の割合が増加してきたが，最近は一人暮らしの
（ ⑤ ）世帯の割合が増加する傾向にある。

・**少子高齢化**が進むと公的年金や，医療・介護などの（ ⑥ ）の
費用が増加する一方，働く現役世代の負担が増加。

→（ ⑥ ）の充実と経済成長をさまたげないような負担とのバランスが，日本の少子高齢社会
の課題である。

① _____

② _____

③ _____

④ _____

⑤ _____

⑥ _____

2 進む情報化と課題

◉ **情報化とは／情報化による社会の変化**

・社会における情報の役割が大きく
なること。→インターネットなど
の（ ⑦ ）（ICT）の発達や，（ ⑧ ）
（AI）の進化による。

▲日本の情報機器の普及率の推移

・**インターネット**…インターネット・ショッピングの普及など。

・**クレジットカード**と（ ⑨ ）…現金を持たずに買い物などが
可能である。

◉ **情報化の課題**

・情報を適切に選択，活用する力である（ ⑩ ）や，情報を正し
く利用する態度である**情報モラル**をそれぞれ身に付けるこ
とが必要。

⑦ _____

⑧ _____

⑨ _____

⑩ _____

情報化は，生活を便利
にするけれど，さまざ
まな課題もあるんだね。

解答▶▶ p.1

第1章　現代社会と私たち

1　現代社会の特色と私たち①

❶ 次の問いに答えなさい。

> 　日本は近年，一人の女性が一生の間に生む子どもの平均数である（　①　）の減少や，平均寿命ののびにより（　②　）社会となり，<u>ₐさまざまな課題がある。</u>また，戦後，<u>b家族構成に変化が見られ，</u>多様化している。

(1)　①・②にあてはまる語句を書きなさい。

(2)　下線部 a に関する次の X・Y について，正しいものには○を，間違（まちが）っているものには×を付けましょう。

　　X　日本では，医療などの社会保障の費用が減少している。

　　Y　日本では共働きの夫婦が減
　　　　り，保育所があまっている。

(3)　下線部 b について，右のグラフ
　　中の [＿＿] の世帯をまとめて
　　何世帯といいますか。

	夫婦のみ		ひとり親と子ども		非親族世帯 0.3
1960年 (2223万 世帯) %	7.3	夫婦と子ども 38.3	7.5	その他の 親族世帯 30.5	単独 世帯 16.1
2015年 (5333万 世帯)	20.1	26.9	8.9 8.6	34.6	

※1960年は統計の基準が異なる。 0.9
（「国勢調査報告」平成27年ほか）
◀日本の世帯数の推移と内訳

(1)	①
	②
(2)	X
	Y
(3)	

❷ 次の問いに答えなさい。

(1)　情報リテラシーとは，どのような力ですか。「選択」という語句を使って簡単に書きなさい。

(2)　情報モラルにあてはまるものを，ア〜ウから選びなさい。

　　ア　自分のブログに他人の家の住所を無断でのせる。

　　イ　自分のブログに友人の悪口を書く。

　　ウ　自分のブログにうその情報を書かないようにする。

(1)	
(2)	

書きトレ！ 1960年と2015年を比べ，日本の 0 〜14歳（さい）の年少者と65歳以上の高齢者の割合はどのように変化していますか。資料からわかることを，簡単に書きましょう。

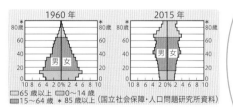

■65歳以上　■0〜14歳
■15〜64歳　＊85歳以上（国立社会保障・人口問題研究所資料）
▲日本の人口ピラミッドの推移

ヒント ❶ (2)少子化と高齢化が進むと，どのようなことがおこりやすいか考えましょう。
　　　　 ❷ (2)情報モラルが「情報を正しく利用する態度」を意味することをもとに考えましょう。

（　）にあてはまる語句を答えよう。
ノートを活用して，くり返し書いて覚えよう。

1 持続可能な社会をつくる

◉持続可能な社会とは／持続可能な社会の実現に向けて

・**持続可能な社会**…現在の世代と（　①　）の世代の幸福の両立を
目指す「（　②　）」がある社会。

・人類は，工業化を進め豊かな生活を手に入れる一方，防災や
環境問題，貧困，人権などの課題の解決も必要になる。
　→2011年に発生した東日本（　③　）により，持続可能な社会の
実現のために防災などの課題の解決の必要性が明らかに。

◉私たちが創る社会

・持続可能な社会の実現には，一人一人の社会（　④　）が必要。

①

②

③

④

2 グローバル化が進む世界と日本

◉グローバル化とは

・**グローバル化**（世界の一体化）…交通や通信の発達により，
人や商品，お金，（　⑤　）などが国境をこえて世界的に移動。

詳しく解説！ グローバル化
航空機など交通の発達で海外旅行や貿易が活発になり，インターネットなど通信の発達で海外のニュースなどを得やすくなった。

◉国際競争と国際分業

・（　⑥　）…国内生産の商品と輸入商品などとの間の競争のこと
で，質の良い商品を少しでも安く売ろうとしている。

・（　⑦　）…自国で競争力のある産業に力を注ぎ，競争力のない
産業は他国からの輸入に依存すること。
　→（　⑥　）と（　⑦　）により世界の各国
がたがいに依存し合うことになった。
例：必要な食料の多くを輸入し，日
本の食料（　⑧　）は低下した。

⑤

⑥

⑦

⑧

⑨

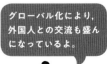
（「食料受給表」平成28年度ほか）
▲日本の食料（　⑧　）の推移

◉グローバル社会と日本

・グローバル化により環境問題や難民問題など国際的な課題が
あり，それらを解決するため日本もさらに（　⑨　）を行う必要がある。

グローバル化により，
外国人との交流も盛ん
になっているよ。

解答▶▶ p.1

1　現代社会の特色と私たち②

① 次の問いに答えなさい。

(1) 現在の世代と将来の世代の幸福の両立を目指す社会を何といいますか。

(2) (1)の社会を実現するため，ある課題の解決に一人一人が参加することを何といいますか。漢字4文字で書きなさい。

(3) 町での清掃活動は，(2)のうち，どのような課題の解決に関係が深いですか。**ア〜エ**から選びなさい。

ア　防災・安全　　イ　情報・技術
ウ　人権・平和　　エ　環境・エネルギー

(1)	
(2)	
(3)	

② 次の問いに答えなさい。

　現在，<u>グローバル化</u>が進み，さまざまなことがらがおこっている。工業などでは，国内生産の商品と輸入商品などとの間で国際（　①　）が激化し，自国で競争力のある産業に力を注ぎ，競争力のない産業は他国からの輸入に依存する国際（　②　）が進んでいる。

(1) ①・②にあてはまる語句を書きなさい。

(2) 下線部は，どのようなことですか。「人や商品」と「国境」，「世界的」という語句を使って簡単に書きなさい。

(1)	①
	②
(2)	

書きトレ！ 日本で暮らす外国人のうち，韓国・朝鮮籍の人と中国籍の人の数は，2000年以降，どのように変化していますか。資料からわかることを，簡単に書きなさい。

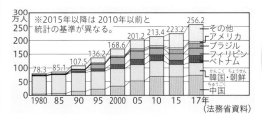

▲日本で暮らす外国人の数の推移

ヒント ②(2)グローバルとは，「地球全体の」，「世界的な」という意味の言葉です。そこから「グローバル化」とはどのような意味か，人や商品がどうなるのかに結び付けて考えましょう。

（　　）にあてはまる語句を答えよう。

ノートを活用して，くり返し書いて覚えよう。

1 文化の意味と役割／伝統文化とその継承

◈**文化とは**

・**文化**には，行動の仕方や価値観，教養など複数の意味がある。

◈**科学・宗教・芸術の役割／文化の課題**

・文化が生み出すものには，技術を発展させる（　①　），神・仏の存在などを考える（　②　），人生を豊かにする（　③　）がある。文化には負の面があるため，正しく役立てる必要がある。

◈**伝統文化とは／日本の多様な伝統文化**

・日本の**伝統文化**には，能など一部の専門家が受けつぐもののほか，衣食住や（　④　）など一般の人が受けつぐものがある。また，日本の伝統文化には北海道周辺の先住民族の（　⑤　）と沖縄県の（　⑥　）がふくまれる。

月	行事名
1月	初詣（はつもうで）
2月	節分
3月	ひな祭り
5月	端午の節句（たんご）
7月	七夕（たなばた）
8月	お盆（ぼん）
11月	七五三

▲主な（　④　）

◈**伝統文化の継承の課題**

・国や都道府県などは，（　⑦　）法により文化財の保存に努力している。

①

②

③

④

⑤

⑥

⑦

2 国際化と多文化共生

◈**グローバル化と日本文化／日本の中の国際的な文化**

・日本の和食（わしょく）や漫画（まんが）・アニメなどが世界に広まり，2013年には，日本人の伝統的な食文化である和食がユネスコの無形（　⑧　）に登録された。また，日本には多くの外国人が暮らし，祭りなどを通じて，外国人と日本人が交流を楽しんでいる。

◈**多文化共生の実現のために**

・（　⑨　）（多様性）の尊重の考え方や**ユニバーサルデザイン**が広まるなか，考え方などが異なる人々がともに暮らす（　⑩　）の実現のための努力が日本各地で行われている。

⑧

⑨

⑩

詳しく解説！　ユニバーサルデザイン

言語や年齢（ねんれい），性別，障がいがあるかないかなどに関係なく，あらゆる人が製品などを利用できるようにしたデザインのことである。

ユネスコ（UNESCO）は国連教育科学文化機関（りゅくしょう）の略称だよ。

10

① 次の問いに答えなさい。

文化は，科学，宗教，そして絵画などの（　①　）を生み出してきた。文化のうち歴史の中で受けつがれてきたものを（　②　）といい，日本にも四季おりおりの a 年中行事などがある。また，アイヌ文化や b 琉球文化も日本の文化にふくまれる。

(1)　①・②にあてはまる語句を書きなさい。

(2)　下線部 a について，右の資料の年中行事は何ですか。ア〜エから選びなさい。

　ア　七夕　　　　イ　端午の節句
　ウ　七五三　　　エ　節分

(3)　下線部 b は，どの県にあった王国の文化を受けついだものですか。県名を書きなさい。

▲ 2月に行われる年中行事

(1)	①
	②
(2)	
(3)	

② 次の問いに答えなさい。

(1)　2013年にユネスコの無形文化遺産に登録されたものを，ア〜ウから選びなさい。

　ア　コスプレ　　イ　漫画　　ウ　和食

(2)　言語や年齢などに関係なく，多くの人が利用できるようにしたデザインを何といいますか。

| (1) | |
| (2) | |

書きトレ！ 兵庫県神戸市で，資料のように，中国語や韓国・朝鮮語などでごみ分別の説明を書いたものがつくられている理由を，簡単に書きなさい。

▲神戸市のごみ分別の説明のリーフレット(中国語, 韓国・朝鮮語)

ヒント　① (2)資料中の鬼や，2月に行われることに注目しましょう。
② (1)「自然の尊重」という日本人の精神がよく表されているものを考えましょう。

3　現代社会の見方や考え方①

（　　）にあてはまる語句を答えよう。

ノートを活用して，くり返し書いて覚えよう。

1　社会の中で生きる私たち

◉社会集団とは／社会的存在としての人間／対立と合意

・（　①　）…私たちが最初に出会う**社会集団**のことで，基本的なルールを習得する場。

> **詳しく解説！** **法と家族**
> 日本国憲法では男女や夫婦の平等を保障し，民法では家族はたがいに協力しなければならないことなどを定めている。

・（　②　）…私たちが暮らす社会集団で，社会のルールを習得する場。育児や防災などで暮らしを支え合っている。

・社会集団には，（　①　）や（　②　）など生まれたときから属しているものと，（　③　）や会社など目的を持って参加するものがある。→社会集団の一員の人間は，（　④　）である。

・社会集団の集団内や集団間で考え方のちがいなどから（　⑤　）が発生することがあり，相手側の意見を聞きながら解決策を探し，（　⑥　）を目指す必要がある。

①
②
③
④
⑤
⑥

2　決まりを作る目的と方法

◉さまざまな決まりと目的／権利と責任・義務

・（　⑦　）（ルール）…**対立**が何度も起こるのを防ぐためのもの。私たちには（　⑦　）（ルール）を守る（　⑧　）と**義務**がある。

◉決まりを作るさまざまな方法

・（　⑦　）（ルール）の決定の方法…みんなで話し合って決定，代表者が話し合って決定，一人で決定。

・（　⑦　）（ルール）の採決の仕方…一人でも議決に反対すると決定できない（　⑨　）や，**多数決**がある。多数決を行うときは，（　⑩　）が必要。

採決の仕方	長所	短所
（　⑨　）	みんなが納得する。	時間がかかることがある。
多数決	一定の時間内で決定できる。	少数意見が反映されにくい。

▲採決の仕方

⑦
⑧
⑨
⑩

決まりを作るときの採決の仕方の長所と短所をおさえておこう。

解答▶▶ p.2

ぴたトレ 2 練習

3 現代社会の見方や考え方①

① 次の問いに答えなさい。

(1) 右の**資料Ⅰ・資料Ⅱ**は，何という社会集団ですか。

資料Ⅰ

こんにちは。 こんにちは。
▲私たちが暮らす地域の社会集団

資料Ⅱ

▲私たちが最初に出会う社会集団

(2) 右の**資料Ⅰ**の社会集団の役割として正しいものを，**ア～ウ**から選びなさい。

ア 生活上の基本的なルールを習得したり，やすらぎを得たりしている。

イ 教科の知識などを習得したり，集団行動をする上でのルールを習得したりする。

ウ 社会のルールを習得したり，暮らしを支え合ったりしている。

(1)	資料Ⅰ
	資料Ⅱ
(2)	

② 次の問いに答えなさい。

決まりは，（ ① ）が何度もおこるのを防ぐためのものであり，作るときには決まりを守る責任と（ ② ）があることを示す必要がある。また，決まりを作るときには，さまざまな決定の方法や採決の仕方がある。

(1) ①・②にあてはまる語句を書きなさい。

(2) 下線部について，次の文中の（　）にあてはまる語句を書きなさい。

・みんなで話し合う，選ばれた（　　　　）が話し合う，一人で決定するといった方法がある。

(1)	①
	②
(2)	

書きトレ! 多数決の長所を「一定の」，短所を「反映」という語句をそれぞれ使って簡単に書きましょう。

長所 （　　　　　　　　　　　　　　　　　　　　　　　）

短所 （　　　　　　　　　　　　　　　　　　　　　　　）

ヒント ① (2)ア～ウは，資料Ⅰの集団，資料Ⅱの集団，学校のいずれかの社会集団の役割です。

解答▶▶ p.2

3　現代社会の見方や考え方②

きまり（ルール）が変更された例

（　）にあてはまる語句を答えよう。

ノートを活用して，くり返し書いて覚えよう。

1 効率と公正とは

◆**全員が納得するために**

・対立が発生したときに合意に導くための解決策は，みんなが（ ① ）できるものにすることが重要である。

→解決策は，**効率**と（ ② ）の視点で考える。

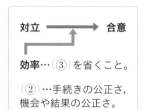

▲合意に導くための解決策

対立 ━━━→ 合意

効率…（ ③ ）を省くこと。

（ ② ）…手続きの公正さ，機会や結果の公正さ。

◆**効率とは**

・（ ③ ）を省くこと。お金，物，労力などを（ ③ ）なく使う。

→一人一人の満足を損なうことなく，（ ④ ）の満足を増加させることができる。

◆**公正とは**

・特定の人が不当なあつかいを受けないようにすること。みんなが参加して決定する（ ⑤ ）の公平さと，機会を不当に制限されたり（ ⑥ ）が不当なものになったりしないようにする機会と（ ⑥ ）の公正さがある。

①
②
③
④
⑤
⑥

2 決まりの見直しと評価

◆**決まりは変更できる**

・決まりを決定する。→決まりを守る。→状況が変化し，決まりが（ ⑦ ）に合わなくなる。→決まりを変更する。

◆**決まりを評価する観点**

・目的を実現するのに適切な（ ⑧ ）になっているかどうか。

・だれに対しても同じ内容を意味するものとなっているかどうか。

・決まりを作るときにみんなが参加しているかどうか。

・（ ⑨ ）をかえても受け入れられるものになっているかどうか。

・お金，物，労力などが無駄なく使われているかどうか。

◆**共生社会を目指して**

・（ ⑩ ）を目指すのに対立と合意，効率と公正の考え方を利用。

⑦
⑧
⑨
⑩

効率と公正の視点は，学校生活などでも，利用することができるよ。

詳しく解説！ **共生社会**

性別や年齢，障がいがあるかないかなどに関係なく，だれもがたがいを尊重し，ともに生きていくことができる社会のことである。

解答▶▶ p.2

ぴたトレ 2 練習

3　現代社会の見方や考え方②

❶ 次の問いに答えなさい。

> 　対立が発生したときに（ ① ）に導くための解決策は，効率と公正の視点で考えることができる。このうち公正の視点には，手続きの公正さ，（ ② ）と結果の公正さがある。

(1)　①・②にあてはまる語句を書きなさい。

(2)　下線部について，次のA・Bの〜〜は，それぞれ効率と公正のどちらの内容にあてはまりますか。

　　A　10個のいちごを，3人にそれぞれ3個ずつになるように分け，1個はあまらせる。

　　B　10個のいちごを，3人にそれぞれ3個ずつ分けたあと，残り1個をじゃんけんに勝った人にあたえてあまりがないようにする。

(1)	①
	②
(2)	A
	B

❷ 次の問いに答えなさい。

(1)　決まりの評価と見直しについて，次のX〜Zが確認できる観点を，ア〜ウからそれぞれ選びなさい。

　　X　決まりを守ることで，目的が実現できるか。
　　Y　決まりが適用されたとき，だれかが不利にならないか。
　　Z　決まりが適切な手続きで決定されているか。

　　ア　立場をかえても受け入れられるものになっているか。
　　イ　目的を実現するのに適切な手段になっているか。
　　ウ　決まりを作るときにみんなが参加しているか。

	X
(1)	Y
	Z

書きトレ！ 対立を解消するには，どのような手続きが必要ですか。資料を見て，「効率」と「公正」，「合意」という語句を使って簡単に書きなさい。

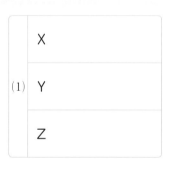

対立 ⟶ 合意

効率…無駄を省くこと。

公正…手続きの公正さ，機会や結果の公正さ。

◀合意に導くための解決策

ヒント　❶ (2)効率がお金や物，労力などを無駄なく使うこと，公正が特定の人が不当なあつかいを受けないようにすることから考えましょう。

1 次の文を読んで，問いに答えなさい。

34点

> 現代では人や商品，お金，_a情報などが国境をこえて移動し合う（ A ）化が進んでいる。_b日本国内には多くの外国人がおり，日本各地では，価値観の異なる人々がともに暮らす多文化（ B ）に基づく社会の実現を目指している。

(1) A・Bにあてはまる語句を書きなさい。

(2) 下線部aについて，次の説明として正しいものを，ア～エからそれぞれ選びなさい。 思

① AI　　② 情報リテラシー　　③ 情報モラル

ア　情報を正しく利用する態度である。　　イ　情報を適切に選択，利用する能力である。

ウ　情報通信技術を利用したお金である。

エ　自ら学習する機能をコンピューターに持たせたものである。

(3) 下線部bについて，次の①～④について，右のグラフを見て，正しいものには○を，間違っているものには×を付けましょう。 技

① 日本で暮らす外国人の数は，1980年から2017年にかけて3倍以上になっている。

② 2017年に日本で暮らす外国人で最も多いのは，韓国・朝鮮籍の人である。

③ ブラジル籍の人が増えてきたのは2000年以降である。

④ 2017年に日本で暮らす外国人の半数以上は，アジア出身の人々である。

▲日本で暮らす外国人の数の推移

2 次の文を読んで，問いに答えなさい。

21点

> 社会集団では，集団内や集団間で（ A ）が発生することがある。（ A ）を（ B ）に導くには，（ C ）と_a公正という2つの視点から考え，決まり（ルール）などを_b採決するとよい。

(1) A～Cにあてはまる語句をア～エからそれぞれ選びなさい。

ア　責任　　イ　合意　　ウ　対立　　エ　効率

(2) 下線部aの内容として誤っているものを，ア～エから選びなさい。 思

ア　無駄を省くこと。　　イ　一部の人の機会が不当に制限されないこと。

ウ　みんなが参加して決めること。　　エ　結果が一部の人に不当なものにならないこと。

(3) 下線部bについて，採決を多数決で行うとき，尊重しなければならないのは何ですか。

❸ 次の文を読んで，問いに答えなさい。 45点

　日本では近年，_a人口構成や_b家族の形態が変化し，_cさまざまな問題が起こっている。また，このような変化により，_d文化のうち，長い歴史の中で受け継がれてきた_e多様な日本の伝統文化の継承や保存が課題となっている。

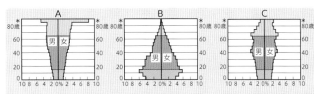
資料Ⅰ　日本の1960年・2015年・2060年の人口ピラミッド

(1)　下線部 a について，右の資料ⅠのA～CのうちA・Bにあてはまる年をそれぞれ書きなさい。技
また，2015年にあたる人口ピラミッドのような人口構成の社会を何といいますか。

(2)　下線部 b について，日本で現在最も多い核家族世帯にあてはまるものを，ア～ウから2つ選びなさい。思

資料Ⅱ　高齢者一人の年金を支える現役世代の数

　ア　夫婦のみの世帯　　　イ　単独世帯
　ウ　夫婦と子どもの世帯

(3)　記述 下線部 c について，右上の資料Ⅱの2010年度から2050年度にかけて，年金を支える現役世代一人あたりの負担は，どのように変化しますか。簡単に書きなさい。思

(4)　下線部 d について，右の資料Ⅲは，文化の領域のうち科学・宗教・芸術のどれと関係が深いですか。技

(5)　下線部 e について，右の資料Ⅳの衣装は，多様な日本の文化のうち何という文化と関係が深いですか。技

資料Ⅲ

資料Ⅳ　沖縄などの紅型

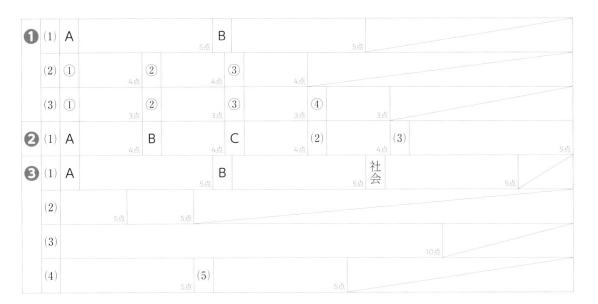

1　民主政治と日本国憲法①

（　　　）にあてはまる語句を答えよう。

ノートを活用して，くり返し書いて覚えよう。

1　政治のはたらきと民主主義

◉政治とは何か

・人々の間の対立や争いを調整し，生活をよりよくするはたらきのことを（　①　）といい，（　①　）を行うために強制力のある**きまり（ルール）**を定める力を（　②　）という。

・国王や貴族など，少数の支配者の考えを優先したかつての（　①　）を（　③　）といい，現代では，多くの国でみんなで話し合って物事を決める（　④　）のしくみをとっている。

・話し合って意見が一致しない場合は，多数の意見に基づいて決定する（　⑤　）**の原理**を採用することが一般的。しかし，その場合には少数意見を尊重することが必要。

①

②

③

④

⑤

2　法に基づく政治と憲法

◉憲法とは何か

・さまざまな法のうち，国の政治の基本的なあり方を定めたのが（　⑥　）であり，（　⑥　）に基づいて政治を行うことで人権を保障しようという考え方を（　⑦　）という。

・（　⑥　）は国の**最高法規**であり（　⑥　）に反する法は無効である。

◉人権を保障するための憲法

・**個人の尊重**…一人一人を尊厳ある，かけがえのない人間としてあつかうこと→（　④　）に基づき政治を行う目的。

・私たちが自由に人間らしく生きるために必要な権利を（　⑧　）といい，（　⑥　）で保障されている。

◉権力の濫用を防ぐために

・（　⑨　）…法によって政治権力を制限しようとする考え方のこと。⇔人の支配

・権力の集中を防ぎ，国民の権利や自由を守るため，権力のはたらきをいくつかに分けてたがいにチェックし合う（　⑩　）のしくみがとられている。

⑥

⑦

⑧

⑨

⑩

> 裁判所は，法律が憲法に違反していないか判断できるよ。

詳しく解説！　**法の支配**
人の支配では国王の政治権力は制限されなかったが，法の支配では国民の代表者が定めた法により政府の政治権力は制限されている。

解答▶▶ p.4

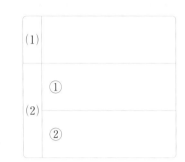

① 次の問いに答えなさい。

　人間が自分らしく幸せに生きるためには，人々の間の利害を調整し，社会の秩序(ちつじょ)を保つはたらきが必要となる。それが政治であり，現在，ほとんどの国では a民主政治を行っている。民主政治においては，より多くの人の意見を結果に反映(はんえい)させるため多数決を用いるが，b注意が必要である。

(1)		
(2)	①	
	②	

(1)　下線部 a について，民主政治にあてはまるものをア〜ウから選びなさい。

　　ア　かつて国王や一部の貴族が行っていた政治

　　イ　一人または少数の人だけで決める政治

　　ウ　みんなで話し合って物事を決める政治

(2)　下線部 b にあてはまるものに○，あてはまらないものに×を書きなさい。

　　①　少数意見を尊重する　　②　議論はなるべく行わない

② 次の問いに答えなさい。

(1)　立憲主義をとる目的をア〜ウから選びなさい。

　　ア　権力を強くするため　　イ　権力の濫用を防ぐため

　　ウ　国民の自由を制限するため

(2)　右の資料は法の構成を示しています。資料中の X 〜 Z にあてはまる語句を，ア〜ウからそれぞれ選びなさい。

　　ア　法律　　イ　憲法　　ウ　命令

▲法の構成

(1)	
(2)	X
	Y
	Z

書きトレ! 人の支配と比べたときの法の支配の特徴(とくちょう)を，資料を見て，「政治権力」という語句を使って簡単に書きなさい。

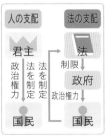

（　　　　　　　　　　　　　　　　　　　　　　　　　　　　）

◀人の支配と法の支配

ヒント　① (2)ア〜ウは，民主政治，専制政治，独裁政治のいずれかの説明です。

解答▶▶ p.4　19

1　民主政治と日本国憲法②

日本国憲法の三つの基本原則

日本の政治		
政治の主体	政治の目的	戦争の放棄
国民主権	の基本尊重的人権	平和主義
国民による政治	国民のための政治	国際協調
日本国憲法		

（　）にあてはまる語句を答えよう。

ノートを活用して，くり返し書いて覚えよう。

1 日本国憲法とは

◆大日本帝国憲法

・（ ① ）**憲法**…1889年に発布。（ ② ）に主権。人権は（ ② ）が
国民にあたえた「臣民の権利」とされ，法律で制限できた。

◆日本国憲法の制定とその基本原理

・（ ③ ）**憲法**…1946年11月3日に公布，1947年5月3日に施行。
（ ④ ）**主権**，（ ⑤ ）**の尊重**，（ ⑥ ）の三つが基本原理となっ
ている。

> **詳しく解説！　日本国憲法**
> 連合国軍最高司令官総司令部（GHQ）の草案を基に日本政府が憲法
> の改正案を作り，帝国議会で審議，修正の上で可決された。

◆日本国憲法がめざす政治

・（ ③ ）憲法の基本原理は，世界の人々が人権の保障を長年求
めてきた努力の成果→この理想を実現することが国際社会
における日本の責務。

①

②

③

④

⑤

⑥

2 国民主権と私たちの責任

◆国民主権と政治参加

・（ ④ ）**主権**…国の政治の最終的な決定権である主権は国民に
あるという日本国憲法の基本原理。国民が選挙で代表者を選
び，その代表者が国会で政治について決定（議会制（ ⑦ ））。

◆憲法改正

・国の最高法規である日本国憲
法の改正には，慎重な手続き
が規定。→国会が**憲法改正の**
（ ⑧ ）をし，**国民投票**で有効
投票の過半数の賛成があると
成立。

憲法審査会※ または衆議院議員100人以上
の賛成（参議院議員50人以上の賛成）によ
る改正原案

衆（参）総議員の　2/3　2/3未満の → 廃　案
議院　以上の賛成　賛成

参（衆）総議員の　2/3　2/3未満の → 廃　案
議院　以上の賛成　賛成

憲法改正の（ ⑧ ）

満18歳以上の国民の国民投票
有効投票の　　　　有効投票の → 廃　案
過半数の賛成　　　半数以下の賛成
＝　　　　　
国民の承認 → 天皇が国民の名において公布

※衆参両院に設置された，憲法改正原案や憲法改正
の発議，国民投票などについて話し合う機関。

▲日本国憲法改正の手続き

◆「象徴」としての天皇

・天皇は，日本国憲法で国と国
民統合の「（ ⑨ ）」。

・天皇は，憲法に規定の（ ⑩ ）を行う。→内閣の助言と承認が必要。

⑦

⑧

⑨

⑩

> 国事行為には，内閣総
> 理大臣・最高裁判所長
> 官の任命，法律の公布
> などがあるよ。

解答▶▶ p.4

1　民主政治と日本国憲法②

1 次の問いに答えなさい。

　日本で最初の近代的な憲法である_a大日本帝国憲法は1889年2月11日に発布された。そして，第二次世界大戦後，新たな憲法として_b日本国憲法が（　①　）年11月3日に公布，翌年5月3日に施行された。その基本原理は，（　②　），基本的人権の尊重，平和主義の三つである。

(1)　①・②にあてはまる数字・語句を書きなさい。

(2)　ア〜エを読んで，下線部aにあてはまるものにはA，下線部bにあてはまるものにはBを書きなさい。

　　ア　主権者は天皇である。

　　イ　国民の人権は，法律の範囲内(はんい)で認められている。(みと)

　　ウ　軍隊を認め，国民に兵役の義務を課している。

　　エ　普通教育を受けさせる義務が，国民の義務の一つになっている。

(1)	①	
	②	
(2)	ア	
	イ	
	ウ	
	エ	

2 次の問いに答えなさい。

(1)　選挙で選ばれた代表者が議会をつくり，議会で話し合って政治を進めるやり方を何といいますか。

(2)　ア〜ウを日本国憲法改正の手続き順に並べ替(か)えなさい。

　　ア　国民投票で有効投票の過半数の賛成を得る。

　　イ　天皇が国民の名で改正された憲法を公布する。

　　ウ　国会が憲法改正の発議をする。

(3)　天皇は，何の助言と承認を得て国事行為(こうい)を行っていますか。ア〜ウから選びなさい。

　　ア　国会　　イ　内閣　　ウ　裁判所

(1)	
(2)	→　　　→
(3)	

書きトレ!/ 日本国憲法改正の手続きに国民投票がある理由を，「最高法規」と「主権」という語句を使って簡単に書きなさい。

(

)

ヒント　**①**　(2)日本国憲法と大日本帝国憲法のちがいをおさえよう。
　　　　②　(3)助言と承認を行う機関は，天皇の国事行為に対して責任を負っています。

解答▶▶ p.4　　21

2　日本国憲法と私たちの人権①

基本的人権

（　）にあてはまる語句を答えよう。

ノートを活用して，くり返し書いて覚えよう。

1 人権の歴史

◉ 人権思想の成立

・人が生まれながらに持つ，個人として尊重され，平等にあつ
かわれる権利を（　①　）という。

・人権思想…17，18世紀の近代革命で国王の支配を打ち破る力
になり，1776年の**アメリカ**（　②　）や1789年の**フランス**（　③　）
などで人間が（　①　）を持つことが宣言される。

・主な人権思想家…「統治二論」で抵抗権（自然権思想）を唱
えたイギリスの（　④　），「法の精神」で**権力分立**を説いたフ
ランスの（　⑤　），「社会契約論」で人民主権を唱えたフラン
スの（　⑥　）など。

◉ 人権思想の広がり

・19世紀に資本主義経済が発達し，貧富の差が拡大。→20世紀
に入り，ドイツのワイマール憲法で人間らしい生活を経済的
に保障する（　⑦　）が，世界で最初に導入された。

・第二次世界大戦後，国際連合の**世界人権宣言**で人権を国際的
に保障。

①

②

③

④

⑤

⑥

⑦

2 自由権

◉ 自由権の分類

・（　⑧　）…自由に考え，行動することを保障する権利。→**精神
の自由**，**身体の自由**，（　⑨　）**の自由**に分けられる。

◉ 自由権の内容

・精神の自由…思想・良心の自由（物事を考える自由），（　⑩　）
の自由（宗教を信仰するかしないか，信仰する宗教をどれに
するか決定する自由），集会・結社・（　⑪　）の自由（団体の
結成や意見の発表などの自由），学問の自由（研究や発表な
どの自由）。

・身体の自由…正当な理由なく拘束したり，刑罰を受けさせた
りすることの禁止。→裁判官が出す（　⑫　）のない逮捕・捜索
の禁止。強要された自白や拷問なども禁止。

・（　⑨　）の自由…居住・移転・職業選択の自由，財産権の保障。→制限を受けやすい。

⑧

⑨

⑩

⑪

⑫

解答▶▶ p.4

① 次の問いに答えなさい。

17，18世紀にヨーロッパで_a人権思想が発達し，18世紀にはその成果を取り入れたアメリカ（　①　）や_bフランス人権宣言が出され，自由権などが保障された。また，法の支配による立憲主義の考え方も20世紀には，（　②　）憲法で社会権が世界で最初に取り入れられた。

(1)	①
	②
(2)	
(3)	

(1)　①・②にあてはまる語句を書きなさい。

(2)　下線部aに関係する人物のうちロックの説明として正しいものを，ア〜ウから選びなさい。

　　ア　「統治二論」で抵抗権を唱えた人物である。

　　イ　「社会契約論」で人民主権を唱えた人物である。

　　ウ　「法の精神」で三権分立を唱えた人物である。

(3)　下線部bの内容として正しいものを，ア〜ウから選びなさい。

　　ア　人間は平等に創られ，神によりうばうことができない権利をあたえられている。（略）

　　イ　経済生活の秩序は，人間に値する生存を保障することを目指す。（略）

　　ウ　人間は生まれながらに，自由で平等な権利を持っている。（略）

② 次の問いに答えなさい。

次の(1)〜(3)は，それぞれ自由権のうち精神の自由，身体の自由，経済活動の自由のどれと関係が深いですか。

(1)　子どものころからあこがれていたスポーツ選手になる。

(2)　大学で，興味のある生物学の研究を行う。

(3)　裁判官の出す令状（逮捕状）なしに逮捕されない。

(1)	
(2)	
(3)	

書きトレ！　**資料は，日本国憲法で保障されている自由権をもとに考えた場合にどのような問題点がありますか。簡単に書きなさい。**

家永教科書訴訟…大学教授の家永三郎氏が，国，文部大臣と争った裁判。家永氏は，文部省による教科書検定で，自署の歴史教科書に，大量の改善・修正意見を付けられるなどの処分を科され，こうした処分が検閲の禁止を規定する憲法に違反すると訴えた。長きにわたる裁判の結果，検定自体は憲法に反するものではないが，改善・修正意見の中に，文部省の裁量を逸脱した違法にあたるものがあると認められた。

ヒント　① (3)ア〜ウは，フランス人権宣言，アメリカ独立宣言，ワイマール憲法のいずれかの条文です。

ぴたトレ 1 要点チェック

第2章　個人の尊重と日本国憲法

2　日本国憲法と私たちの人権②

日本語学級で学ぶ外国人

(　　)にあてはまる語句を答えよう。
ノートを活用して，くり返し書いて覚えよう。

1 平等権①

平等権とは／男女平等を目指して／障がいのある人・在日外国人への理解

・(①)…全ての人間は平等で，平等なあつかいを受ける権利。
→偏見に基づく差別が残っていることが課題。

・**男女**(②)**法**…1985年に制定。雇用での女性への差別禁止。

・**男女**(③)**法**…1999年に制定。男性と女性が対等な立場で活躍する社会を目指す。

・共生社会の実現…さまざまなちがいを認め，関わる全ての人が参加して支え合うこと。→(④)**フリー**化を推進。障がいのある人の自立と社会参画の支援のために**障害者差別解消法**が制定。だれにとっても使いやすい(⑤)デザイン。

詳しく解説!　バリアフリー
障がいのある人や高齢者たちが，生活する上での(精神的，物理的な)壁（バリア）を取り除こうという考え方。

・増加する在日外国人に対して，教育や社会保障の面で，各国の言葉や文化のちがいを配慮することが必要。

①
②
③
④
⑤

2 平等権②

平等に生きる権利／部落差別の撤廃

・部落差別…被差別部落出身者への差別（(⑥)問題）。江戸時代のえた・ひにん身分は，明治時代のいわゆる「解放令」によって廃止。大正時代に(⑦)が結成。現在も，差別は解消されず2016年に部落差別(⑧)法が制定。

アイヌ民族／在日韓国・朝鮮人への差別の撤廃

・アイヌ民族は，明治時代の政府に伝統的な風習などを否定された(同化政策)。1997年にアイヌ文化振興法が制定。2019年に**アイヌ**(⑨)**法**を制定。

▲アイヌ語の地名表示板

・在日韓国・朝鮮人の中には，韓国併合による日本の(⑩)支配の時期に連れてこられた人々やその子孫が多く，歴史事情に配慮した人権保障が必要。

⑥
⑦
⑧
⑨
⑩

駅など身近なところでバリアフリー化が進んでいるよ。

解答▶▶ p.5

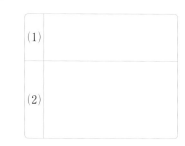

❶ 次の問いに答えなさい。

(1) 資料中の（　　）に
あてはまる語句を書
きなさい。

(2) 男女共同参画社会基
本法は，どのような
社会を目指して定められた法律ですか。次の文中の
（　　）にあてはまる内容を書きなさい。

・男性と女性が（　　　　）社会の実現。

・男女（　　　）法（1985年制定）
　第1条　雇用の分野における男女の均
　　　　　等な機会及び待遇の確保を図る(略)
・男女共同参画社会基本法(1999年制定)
　前文　社会のあらゆる分野において…
　　　　施策の推進を図っていく（略）

(1)	
(2)	

第2章

❷ 次の問いに答えなさい。

> （　①　）は，全ての人間は平等で，平等なあつかいを受ける
> 権利のことである。差別をなくすことは，日本国憲法の基本
> 原理の一つである（　②　）の尊重が求めるものであるが，
> （　③　）問題ともよばれる部落差別などさまざまな問題が日本
> 社会に残っている。

(1) ①～③にあてはまる語句を書きなさい。

(2) 下線部に関して正しいものを，ア～ウから選びなさい。
　ア　部落差別を受けた人々は，平成時代に全国水平社を結
　　　成した。
　イ　アイヌ民族の伝統は，長年尊重されてきた。
　ウ　在日韓国・朝鮮人の中に日本の植民地支配の時期に連れてこられた人々や子孫がいる。

(3) 2019年に制定された，アイヌ民族を先住民族と明記した法律を答えなさい。

(1)	①	
	②	
	③	
(2)		
(3)		

書きトレ! 各年代の男性と女性の賃金を比べたとき，どのような傾向がありますか。資料から
わかることを，簡単に書きなさい。

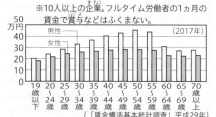

◀男女の年齢別賃金

ヒント　❶　(1)第1条の条文中にヒントがあります。

労働基本権	
団体交渉権	会社側（使用者）と労働条件などについて交渉する権利。
団結権	団結して労働組合をつくったり，加入したりする権利。
団体行動権（争議権）	ストライキなどの行動によって，会社側に要求を訴える権利。

（　）にあてはまる語句を答えよう。
ノートを活用して，くり返し書いて覚えよう。

1 社会権

◉人間らしく生きるための権利

・（　①　）…人間らしい生活を保障する権利。→（　②　），教育を受ける権利，勤労の権利，労働基本権に分けられる。

◉生存権／教育を受ける権利／勤労の権利と労働基本権

・（　②　）…日本国憲法第25条①で「健康で文化的な最低限度の生活を営む権利」と規定。国は社会保障制度を整備。→病気などで最低限度の生活を営めない人には**生活保護法**により生活費が支給される。

・**教育を受ける権利**…子どもが学習する権利で，義務教育は無償となっている。教育の基本的な方針は，（　③　）**法**で規定されている。

・**勤労の権利**と**労働基本権**…労働者のための権利。このうち労働基本権は（　④　），**団体交渉権**，**団体行動権**の三つ。

> **詳しく解説！　労働基本権**
> 団結権は労働組合を結成する権利，団体交渉権は使用者と交渉する権利，団体行動権はストライキなどを行う権利である。

①
②
③
④

労働者を守るため，最近，働き方改革が進められているよ。

2 人権を守るための権利

◉国民がみずから政治に参加する権利

・（　⑤　）…国民が政治に参加する権利。→国会議員や地方議会議員，都道府県知事や市町村長などを選挙する権利である（　⑥　）と立候補する権利である**被選挙権**，最高裁判所裁判官の国民審査，国や地方の役所に要望する権利である（　⑦　）などに分けられる。

> **詳しく解説！　外国人参政権**
> 選挙権は日本国民にのみ認められているものの，一定の条件を満たす外国人にも地方の選挙権が認められるべきという意見がある。

◉法による救済を求める**請求権**

・（　⑧　）…人権を侵害されたとき，国に要求できる権利。→（　⑨　）（このために無料の法律相談や弁護士費用の立て替えの仕組みが整備）や，（　⑩　），**刑事補償請求権**に分けられる。

⑤
⑥
⑦
⑧
⑨
⑩

解答▶▶ p.5

❶ 次の問いに答えなさい。

　社会権は，「健康で（　①　）な最低限度の生活を営む権利」である生存権，仕事に就いて働く（　②　）の権利，労働基本権などに分けられる。

(1)　①・②にあてはまる語句を書きなさい。

(2)　下線部のうちストライキなどを行う権利を何といいますか。ア～ウから選びなさい。

　　ア　団結権　　イ　団体交渉権　　ウ　団体行動権

(1)	①
	②
(2)	

❷ 次の問いに答えなさい。

　人権を確実に保障するための権利には，ₐ選挙権，立候補する権利である（　①　），（　②　）裁判所裁判官の国民審査などの参政権，裁判を受ける権利などのᵦ請求権がある。

(1)　①・②にあてはまる語句を書きなさい。

(2)　下線部 a に関して，現在，満何歳以上の日本国民に選挙権が認められていますか。ア～ウから選びなさい。

　　ア　満18歳以上　　イ　満20歳以上　　ウ　満25歳以上

(3)　下線部 b の一つで，公務員の不法行為によって損害を受けたときに，その損害の賠償を国などに求めることができる権利を何といいますか。

(1)	①
	②
(2)	
(3)	

書きトレ！ 資料についての次の文中の（　　　）にあてはまる内容を，社会権の権利のうちの一つを用いて簡単に書きましょう。

▲院内学級

　資料は，子どもの（　　　）ため，病院内に設置された院内学級である。

（　　　　　　　　　　　　　　　　　　　　　）

ヒント　❶　(2)ストライキとは，労働者が要求を通すために団結して労働をやめることです。

第 2 章　個人の尊重と日本国憲法

2　日本国憲法と私たちの人権④

臓器提供意思表示カード

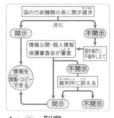

（　　）にあてはまる語句を答えよう。

ノートを活用して，くり返し書いて覚えよう。

1 新しい人権①

◈社会の変化と人権の広がり

・「新しい人権」…日本国憲法に直接的な規定はないものの，
社会の変化の中で主張されるようになった権利（憲法第13条
の（ ① ）権などが根拠）。

◈知る権利

・「（ ② ）」…国民が主権者として判断す
るために，国や地方公共団体が持つ情報
を入手する権利→（ ③ ）**制度**により情報
を開示。**マスメディア**も国民の（ ② ）に
貢献。

```
国の行政機関の長に開示請求
      │
     通知
   ┌──┴──┐
  開示    不開示
   │       │
情報公開・個人情報
保護審査会が審査
   │       │
  不開示  国の省庁に
   │     不服申し立て
情報を
閲覧・コピー
できる
   │    裁判所に訴える
 ┌─┴─┐   │
開示 不開示
```

▲（ ③ ）制度

◈プライバシーの権利／インターネット
の発達と人権

・「（ ④ ）」…個人の私生活などに関することがらを公開され
ない権利。（ ④ ）と憲法第21条で認められた（ ⑤ ）の自由の対立→調整が課題。

・国や地方公共団体，民間に個人情報の慎重な管理を義務づける（ ⑥ ）**制度**。

・インターネットの発達は「（ ② ）」に貢献しているが，「（ ④ ）」や著作権，知的財産権の
侵害も発生。

①
②
③
④
⑤
⑥

2 新しい人権②

◈環境権

・（ ⑦ ）…住みよい環境を求める権利。日照権など。→国は環
境基本法を定めたり，事業における**環境**（ ⑧ ）を義務化。

◈科学技術の発展と人権／自己決定権

・科学技術の発展により，生命や人間の価値と人権の間で課題
が発生→遺伝子情報のあつかいなど。

・（ ⑨ ）…個人が自分の生き方などについて決定する権利。→
治療方法を決定するために患者が十分な説明を受け，同意す
る**インフォームド・**（ ⑩ ）や，臓器提供への意思表示など。

⑦
⑧
⑨
⑩

詳しく解説! 臓器提供

臓器提供の意思表示の方法は，意思表示カードのほか，健康保険証
などへの記入のほか，インターネットによる意思登録の方法もある。

解答▶▶ p.6

第2章　個人の尊重と日本国憲法

2　日本国憲法と私たちの人権④

❶ 次の問いに答えなさい。

　ₐ「新しい人権」のうち，知る権利では（　①　）制度により役所が持つ情報の開示を求めることができ，また，新聞やテレビなどの（　②　）やₑインターネットも知る権利の実現に役立っている。しかし，同じ新しい人権である（　③　）の権利との関係が問題となる。

(1)　①〜③にあてはまる語句を書きなさい。

(2)　下線部 a に関する次の文中の（　　）にあてはまる内容を，「直接的」という言葉を使って書きなさい。

　　・「新しい人権」は，（　　　　　　　　）ものの，社会の変化の中で主張されるようになった権利である。

(3)　下線部 b の使い方の説明として正しいものを，**ア〜ウ**から選びなさい。

　　ア　大ニュースだと思ったら根拠がなくてもSNSで広める。

　　イ　自分の住所や写真など安易にネット上に公開しない。

　　ウ　知らない人から来たメールはすべて中身を読む。

(1)	①	
	②	
	③	
(2)		
(3)		

第2章

❷ 次の問いに答えなさい。

(1)　自己決定権の説明として正しいものを，**ア〜ウ**から選びなさい。

　　ア　この権利は，住みよい環境を求めるためのものである。

　　イ　この権利は，個人情報保護制度と関係が深い。

　　ウ　この権利は，インフォームド・コンセントや臓器提供意思表示カードと関係が深い。

(1)	

書きトレ！　資料のマンションが，左にいくほど高さが低くなっている理由を，「配慮」という語句を使って簡単に書きなさい。

◀新しい人権にふくまれる権利に関係するマンション

ヒント　❷(1)ア〜ウのうち自己決定権に関係のない選択肢は，環境権やプライバシーの権利などに関係しています。

人権に関する主な国際条約

条約	採択年	日本の批准年
難民条約	1951年	1981年
人種差別撤廃条約	1965年	1995年
児童の権利条約	1989年	1994年
死刑廃止条約	1989年	未批准
障害者権利条約	2006年	2014年

（　）にあてはまる語句を答えよう。

ノートを活用して，くり返し書いて覚えよう。

1 国際社会と人権

◉国際社会における人権保障

・世界全体を見ると，貧困や偏見により子どもや女性などの人権の保護が不十分。

・国際連合は，1948年に**世界（ ① ）**，1966年に（ ② ），1979年に（ ③ ）差別撤廃条約を採択。1989年には（ ④ ）**条約**を採択（子どもの生きる権利や育つ権利などを保障）。

・条約を批准すると，各国は国内法の整備を求められる→日本は，2014年に（ ⑤ ）権利条約に批准した後，2016年に（ ⑤ ）差別解消法を施行。

・国以外に「国境なき医師団」などの（ ⑥ ）（非政府組織）も活動。

> **詳しく解説！　世界人権宣言**
> 国際的な人権の規範として1948年に国際連合で採択。これを具体的に規定し，拘束力を持つのが1966年に採択された国際人権規約。

① _____

② _____

③ _____

④ _____

⑤ _____

⑥ _____

2 人権保障と私たちの責任・義務

◉「公共の福祉」とは

・「（ ⑦ ）」…社会全体の利益のこと。→人権には，他人の人権を侵害しないなどの制限・限界がある。

◉人権の制限が許される場合

・人権の制限には，慎重な判断が必要で，人権の種類により制限の程度が異なる。

→経済活動の自由は，貧富の差が拡大する問題があるため，「（ ⑦ ）」による制限が広く認められている。

→（ ⑧ ）の自由は，「（ ⑦ ）」による制限は限られる。

> この憲法が国民に保障する自由及び権利は，国民の不断の努力によつて，これを保持しなければならない。又，国民は，これを濫用してはならないのであつて，常に（ ⑦ ）のためにこれを利用する責任を負ふ。
>
> ▲日本国憲法第12条

⑦ _____

⑧ _____

⑨ _____

⑩ _____

◉国民の義務

・**子どもに（ ⑨ ）を受けさせる義務**…子どもの教育を受ける権利を保障。

・**勤労の義務**…義務であるとともに権利。

・（ ⑩ ）**の義務**…法律により税金の種類や対象者を規定。

公務員には，憲法尊重擁護義務が課されているよ。

30

解答▶▶ p.6

第2章　個人の尊重と日本国憲法

2　日本国憲法と私たちの人権⑤

1 次の問いに答えなさい。

(1) 国際連合で1948年に採択された，右の資料の宣言の名前を書きなさい。

> 第1条　すべての人間は，生（う）まれながらにして自由であり，かつ尊厳と権利とについて平等である。人間は，理性と良心とを授（さず）けられており…
>
> ▲国際連合で1948年に採択された宣言

(2) (1)を実現するため，1966年に拘束力（こうそく）をもたせた条約としてつくられたのは何ですか。

(3) 1989年に国連で採択され，1994年に日本が批准した，子どもの生きる権利や守られる権利などを保障した条約を何といいますか。

(4) 人権の保障のために活動を行っている非政府組織の略称を，ア～ウから選びなさい。

ア　PKO　　イ　NGO　　ウ　ICT

(1)	
(2)	
(3)	
(4)	

2 次の問いに答えなさい。

(1) 「公共の福祉」に関する次の文中の（　　）にあてはまる内容を，「社会」という語句を使って書きなさい。
　・日本国憲法第12条に定められた「公共の福祉」とは，（　　　　）のことである。

▲不備な建築の禁止

(2) 右の資料は，「公共の福祉」による何の人権の制限と関係が深いものですか。ア～ウから選びなさい。

ア　職業選択（せんたく）の自由　　イ　財産権の保障　　ウ　集会・結社の自由

(3) 日本国憲法に定められた国民の義務にあてはまらないものを，ア～エから選びなさい。

ア　子どもに普通（ふつう）教育を受けさせること　　イ　納税　　ウ　勤労　　エ　兵役（へいえき）

(1)	
(2)	
(3)	

> **書きトレ！** 表のように，日本国憲法で国民の義務の規定が国民の権利の規定よりも少ない理由を，「憲法」と「人権」という語句を使って簡単に書きましょう。
>
> | 国民の権利 | 自由権，平等権，社会権，参政権，請求権など多数 | |
> |---|---|---|
> | 国民の義務 | 三つ | |
>
> ▲日本国憲法に定められた国民の権利と国民の義務

3　日本の平和主義

広島市の平和記念式典

（　　）にあてはまる語句を答えよう。

ノートを活用して，くり返し書いて覚えよう。

1 憲法第9条と自衛隊

◆日本国憲法の平和主義

・第一次世界大戦後，国際連盟を設立→しかし第二次世界大戦を避けられず→この反省から，1945年，国際連盟より強い権限を持つ**国際連合**を設立。日本では（　①　）主義を原則とする日本国憲法を制定（前文や第（　②　）条）

・非核三原則…「核兵器を（　③　），つくらず，もちこませず」→広島・長崎の原子爆弾投下で多くの犠牲者を出したことから国の方針として定める。

◆憲法第9条

・（　④　）を放棄すること，（　⑤　）を持たないこと，国の（　⑥　）を認めないことを定める。

①日本国民は，（略），国権の発動たる（　④　）と，武力による威嚇又は武力の行使は，国際紛争を解決する手段としては，永久にこれを放棄する。

②（略），陸海空軍その他の（　⑤　）は，これを保持しない。国の（　⑥　）は，これを認めない。

▲日本国憲法第9条

◆自衛隊

・朝鮮戦争が始まると警察予備隊を設置→1954年，**自衛隊**に。

・政府は，主権国家は（　⑦　）権を持つので，自衛隊は「自衛のための必要最小限度の実力」であり，（　⑤　）にあたらないとする。

・自衛隊には**文民統制**（シビリアン・コントロール）が及ぶ。

① _____
② _____
③ _____
④ _____
⑤ _____
⑥ _____
⑦ _____

2 国際社会における日本の役割

◆日米安全保障条約と自衛権

・（　⑧　）条約…1951年に日本の防衛のために結ばれた→アメリカ軍が日本に駐留することを認める。

・（　⑨　）的自衛権…自国と密接な関係にある国が攻撃され，危険がおよぶときに行使される権利。

・**自衛隊**の国際貢献…国際連合の（　⑩　）活動（PKO）への参加や，国内外への災害時の派遣。

⑧ _____
⑨ _____
⑩ _____

> **詳しく解説！　文民統制（シビリアン・コントロール）**
> 自衛隊を指揮する立場にある内閣総理大臣や国務大臣は，現役の軍人等ではない「文民」でなければならないと憲法で定められている。

解答▶▶ p.7

3　日本の平和主義

❶ 次の問いに答えなさい。

（　①　）は，日本国憲法の三つの基本原理のうちの一つであり，前文のほか，第（　②　）条に定められている。この基本原理の下で，1954年，日本政府は ₐ自衛隊を設置した。また，日本は被爆国として ♭非核三原則を国の方針としている。

(1)	①
	②
(2)	
(3)	

(1)　①・②にあてはまる語句・数字を書きなさい。

(2)　下線部 a に関する次の文中の（　　　）にあてはまる語句を，漢字2文字で書きなさい。

　　政府は，「自衛隊は自衛のための必要最小限度の実力であり，憲法で禁じられている（　　　　）にはあたらない」としている。

(3)　下線部 b の内容にあてはまらないものを，ア〜エから選びなさい。

　　ア　核兵器を日本はもたない。　　　　イ　核兵器を国内でつくらない。
　　ウ　すべての国の核兵器をなくす。　　エ　核兵器を国内にもちこませない。

❷ 次の問いに答えなさい。

(1)　右の資料は，自衛隊の何の活動に関係していますか。
　　ア〜ウから選びなさい。

　　ア　日本の防衛
　　イ　国際連合の平和維持活動
　　ウ　災害時の派遣

▲自衛隊の活動

(1)	

書きトレ！　日米安全保障条約にもとづき，アメリカ軍が日本に駐留することにはどのような問題点がありますか。資料からわかることを，簡単に書きなさい。

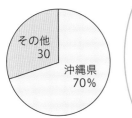

その他
30
沖縄県
70%

(2019年)　（沖縄県資料）◀日本国内のアメリカ軍専用施設の面積に占める沖縄県の割合

ヒント　❶ (2)憲法第9条で禁じられているものは何でしょうか。
　　　　❷ (1)資料がどのような場面か判断してア〜ウから選びましょう。

ぴたトレ
3
確認テスト

第2章
個人の尊重と日本国憲法

時間30分

合格70点

／100点

❶ 次の問いに答えなさい。 34点

(1) 右の**資料Ⅰ・Ⅱ**を見て，問いに答えなさい。

① **資料Ⅰ**の主張をした人物と，その人物の著作の組み合わせとして正しいものを，**ア～エ**から選びなさい。技

ア　人物：モンテスキュー　　著作：「統治二論」

イ　人物：モンテスキュー　　著作：「法の精神」

ウ　人物：ロック　　　　　　著作：「統治二論」

エ　人物：ロック　　　　　　著作：「法の精神」

② **資料Ⅱ**が初めて定めた基本的人権は何ですか。思

(2) 次の文を読んで，問いに答えなさい。

> 日本国憲法の基本原理は（　A　），基本的人権の尊重，
> a 平和主義であり，それ以前の（　B　）憲法とは b 性格が
> 異なる。

① A・Bにあてはまる語句を書きなさい。

② 下線部 a について，右の**資料Ⅲ**中のP・Qにあてはまる語句をそれぞれ書きなさい。

③ 記述 下線部 b について，1889年に発布された憲法と日本国憲法とで天皇の位置付けはどのように変化しましたか。簡単に書きなさい。思

国の政治権力を三つに分け，それぞれを別の機関が持つことにより，権力の集中を防がなければならない。

資料Ⅰ　ある人物の主張

第151条　経済生活の秩序は，全ての者に人間たるに値する生活を保障することを目指す，正義の諸原則に適合しなければならない。（略）

資料Ⅱ　ドイツで出されたもの

第9条①日本国民は，（略），国権の発動たる（　P　）と，武力による威嚇又は武力の行使は，（略），永久にこれを（　Q　）する。

資料Ⅲ　日本国憲法第9条①

❷ 次の文を読んで，問いに答えなさい。 36点

> 基本的人権のうち，自由権は a 精神の自由， b 経済活動の自由， c 身体の自由に分けられる。
> 他に，平等権， d 社会権， e 参政権などがある。

(1) 次の①～③は，下線部 a ～ c のどの自由の内容ですか。a ～ c からそれぞれ選びなさい。思

① 警察で自白を強要されない。　　② 自分が希望する看護師の職に就く。

③ キリスト教を信仰する。

(2) 下線部 d について，右の資料中のA・Bにあてはまる語句を書きなさい。また，この資料で定められた社会権の種類を何といいますか。▲日本国憲法第25条①

第25条①　すべて国民は，（　A　）で文化的な（　B　）限度の生活を営む権利を有する。

(3) 下線部 e について，次の問いに答えなさい。

① 参政権に含まれる選挙権をあたえられるのは，満何歳以上の国民ですか。

② 選挙権と同じ参政権に含まれる権利を，ア～エから2つ選びなさい。思

ア　憲法改正の国民投票権　　イ　裁判を受ける権利

ウ　国家賠償請求権　　　　　エ　請願権

成績評価の観点　技…資料活用の技能　　思…社会的な思考・判断・表現

❸ 次の文を読んで，問いに答えなさい。

> 日本国憲法ではさまざまな人権が定められているが，自分の人権と他人の人権が対立する場合，人権が ₐ「公共の福祉」によって ♭制限されることがある。また，人権については，日本国憲法に直接規定のない 。「新しい人権」を認めようという流れがある。

(1) 記述 下線部aについて，「公共の福祉」は何を意味しますか。「利益」という語句を使って簡単に書きなさい。思

(2) 下線部bについて，右の表は，「公共の福祉」による人権の制限の例を示したものです。表中のA〜Dにあてはまる語句を， からそれぞれ選びなさい。

（ A ）の自由	・名誉を傷つけることの禁止
（ B ）の自由	・道路使用の許可申請のないデモの禁止
（ C ）の自由	・医師などの資格のないものの営業禁止
（ D ）の保障	・不備のある建築の禁止

集会・結社　　居住・移転　　財産権　　表現　　職業選択

(3) 右の資料Ⅰのカードは，下線部cに含まれる何という権利と関係の深いものですか。技

資料Ⅰ

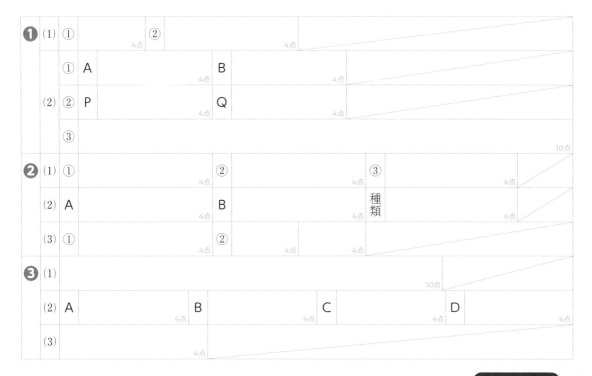

❶	(1)	①		②				
	(2)	①	A		B			
		②	P		Q			
		③						10点
❷	(1)	①		②		③		
	(2)	A		B		種類		
	(3)	①		②				
❸	(1)							10点
	(2)	A		B		C		D
	(3)							

1　民主政治と私たち①

直接民主制を採用しているスイスの州

（　）にあてはまる語句を答えよう。

ノートを活用して，くり返し書いて覚えよう。

1　民主政治の方法

◉政治とは

・（ ① ）…社会の中の意見の対立を，公共の課題としてとらえ，調整，解消させること。一般には国や地方公共団体で行われること。権力分立で抑制と均衡をはかる。

◉民主主義とは

・（ ② ）…国民主権の下で国民または国民が選んだ代表者が話し合って（ ① ）を行うこと。

◉民主政治のしくみ

・（ ② ）の種類…人々が直接話し合う**直接民主制**と，人々が代表者を選び，代表者が議会で話し合う（ ③ ）（**議会制民主主義**ともいう）がある。→多くの国では（ ③ ）が採られ，最後は多数の意見を採用する（ ④ ）**の原理**を用いる。このときも（ ⑤ ）の**尊重**が必要。

①

②

③

④

⑤

2　選挙の原則としくみ

◉代表を選ぶための選挙／選挙の基本原則

・**選挙**…**政治参加**の方法の一つ。国会議員，地方公共団体の首長・議員を選ぶ。→方法は（ ⑥ ）法に規定。

・選挙の基本原則は，一定の年齢以上（現在は満18歳以上）の国民に選挙権をあたえる（ ⑦ ），一人一票の**平等選挙**，代表者を直接選ぶ**直接選挙**，無記名で投票する（ ⑧ ）の四つ。

◉日本の選挙制度

・選挙制度…一つの選挙区から一人の代表者を選ぶ（ ⑨ ）（落選した候補者などへの「死票」が多い），二人以上の代表者を選ぶ**大選挙区制**，政党の得票数により議席を決める（ ⑩ ）がある。→衆議院議員の選挙には**小選挙区比例代表並立制**，参議院議員の選挙には都道府県単位の選挙区制と（ ⑩ ）。

・課題…選挙区ごとに議員一人あたりの有権者数が異なる**一票の格差**。選挙に費用がかかりすぎる→政党交付金。

⑥

⑦

⑧

⑨

⑩

> **詳しく解説!**　**政党交付金**
> 企業などが政治家に対して献金することが制限されている日本では，国から得票数や議席数に応じ，政党交付金が支給されている。

「死票」は，大選挙区制と比例代表制では，少なくなるよ。

解答▶▶ p.8

❶ 次の問いに答えなさい。

(1) 日本の三権分立の説明のうち，正しいものを**ア**〜**ウ**から選びなさい。

　　ア　内閣（ないかく）はきまりをつくる。

　　イ　国会はきまりに基づいて政治を行う。

　　ウ　裁判所（さいばんしょ）はきまりに基づいて争いを解決する。

(2) 次の①・②は，直接民主制と間接民主制のどちらと関係が深いですか。

　　①　代表者が話し合って，決める。

　　②　一度に集まる人数が多くなりすぎると実施（じっし）しにくい。

(1)	
(2)	①
	②

❷ 次の問いに答えなさい。

　日本の選挙は，一人一票の（　①　）や_a秘密選挙など四つを基本原則としている。また，選挙制度には_b小選挙区制や比例代表制などがあり，国の（　②　）議員の選挙には小選挙区比例代表並立制が導入されている。

(1) ①・②にあてはまる語句を書きなさい。

(2) 下線部**a**は，どのような原則ですか。簡単に書きなさい。

(3) 下線部**b**の説明として正しいものを，**ア**〜**エ**から選びなさい。

　　ア　一つの選挙区から二人以上の代表者を選ぶ。

　　イ　政党の得票数に応じて議席が決まる。

　　ウ　議会が多くの政党に分かれやすい。

　　エ　落選した候補者などへの「死票」が多くなる。

(1)	①
	②
(2)	
(3)	

書きトレ！ 宮城5区などと比べたとき東京1区などの一票の価値はどうなっていますか。資料からわかることを，簡単に書きなさい。

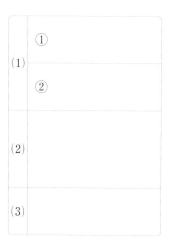

◀衆議院議員選挙，小選挙区の議員一人あたりの有権者数

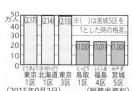

ヒント ❶ (2)②人々が直接話し合って決める直接民主制と，人々が代表者を選んで代表者が議会で話し合って決める間接民主制では，一度に集まる人数が多くなりすぎると実施しにくいのはどちらか，考えましょう。

1　民主政治と私たち②

（　　）にあてはまる語句を答えよう。

ノートを活用して，くり返し書いて覚えよう。

1 政党の働きと政党政治

◉ 政党の働き

・（ ① ）…政治で実現したい政策について，同じ考えを持つ
人々の集団。

◉ 政党政治

・（ ② ）…複数の（ ① ）が議会の議席を争って行う政治。二つ
の（ ① ）が議席の大部分をしめる「**二大**（ ① ）**制**」や，主な
（ ① ）が三つ以上ある「**多党制**」などが見られる。

・（ ③ ）と（ ④ ）…（ ③ ）は議会で多くの議席を得て内閣を組
織し，政権を担当する（ ① ），（ ④ ）はそれ以外の（ ① ）→
政権を監視。
<ruby>かんし</ruby>

・（ ⑤ ）…複数の（ ① ）で組織された政権（内閣）。一つの
（ ① ）で議席の過半数に達しないときなどに組織される。

◉ 日本の政党政治

・第二次世界大戦後の1955年以降，長い間，（ ⑥ ）が政権を担
当。1990年代以降，（ ⑤ ）となることが増加。

・2009年に（ ⑦ ）を中心とする（ ⑤ ）が成立して政権交代が起
こるものの，2012年に再び（ ⑥ ）を中心とする（ ⑤ ）が成立
して政権交代が起こる。

①
②
③
④
⑤
⑥
⑦

日本の議会（国会）
は，主な政党が複
数ある**多党制**に
なっているよ。

2 世論と政治

◉ 世論とマスメディア

・（ ⑧ ）…社会の問題について，多くの人々に共有されている
意見。→政府や政党に影響をあたえる。
<ruby>えいきょう</ruby>

・（ ⑨ ）…新聞やテレビなど人々に情報を伝える媒体→（ ⑧ ）
の形成に重要な役割をはたす。

◉ メディア・リテラシー

・（ ⑨ ）の伝える情報や（ ⑩ ）上の情報には誤った情報もある
ことから，私たちには（ ⑪ ）が必要である。

⑧
⑨
⑩
⑪

詳しく解説！ **インターネットでの選挙運動**

日本では，2013年に選挙運動でのインターネットなどの利用が可能に。
しかし，満18歳未満の選挙運動は法律で禁止。
<ruby>さい</ruby>

解答▶▶ p.9

1 次の問いに答えなさい。

> 　日本の議会（国会）では政党政治が行われている。政党政治では，a各政党が議席を争い，選挙のときには（　①　）を発表し，b政権を得ようとする。日本では，政権（内閣）が複数の政党で組織された（　②　）となっていることが多い。

(1)　①・②にあてはまる語句を書きなさい。

(2)　下線部aの説明として正しいものを，ア～ウから選びなさい。

　　ア　国の政党は，政策に共通点のない者の集団である。

　　イ　政党には，政治における人材を社会の中に見つけ，育てる役割がある。

　　ウ　政党が国民の意見を聴くことは，ほとんどない。

(3)　下線部bに関連して，政権を担当していない野党の役割を，「政権」という語句を使って簡単に書きなさい。

(1)	①
	②
(2)	
(3)	

2 次の問いに答えなさい。

(1)　世論の意味を，「共有」という言葉を使って書きなさい。

(2)　メディア・リテラシーを持っている態度として正しいものをア～ウから選びなさい。

　　ア　新聞やテレビの情報を全て正しいものと受け入れる。

　　イ　新聞やテレビの情報が本当に正しいか自分でよく考える。

　　ウ　新聞やテレビの情報を全て間違っていると決めつける。

| (1) | |
| (2) | |

書きトレ!　資料からわかる，ドイツ（下院）と比べたときのイギリス（下院）の主な政党の数の特徴（とくちょう）を，簡単に書きなさい。

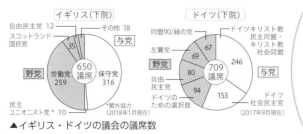

▲イギリス・ドイツの議会の議席数

第3章

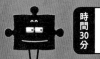

時間30分　　/100点　合格70点

❶ 次の問いに答えなさい。

12点

(1) 資料は，直接民主制と間接民主制のどちらと関係が深いですか。技

(2) 間接民主制は，（　　　）制民主主義とよばれることがあります。（　　　）にあてはまる語句を書きなさい。

(3) 多数決をとるときには，（　　　）意見を尊重する必要があります。（　　　）にあてはまる語句を漢字2文字で書きなさい。

▲スイスの一部の州

❷ 次の文を読んで，問いに答えなさい。

52点

　選挙は a 政治参加の手段の一つで，国会議員などの b 選挙が行われており，選挙権と c 被選挙権は基本的人権である参政権にふくまれている。日本では一人一票の（　A　）選挙，無記名で投票する（　B　）選挙などが選挙の原則となっている。しかし近年，棄権が増加して d 投票率が低下傾向にあるなどさまざまな問題がある。このため，国は投票日前に投票できる（　C　）投票制度を整備するなど投票率を上げるための政策を行っている。

(1) A～Cにあてはまる語句を書きなさい。

(2) 下線部aについて，経営者団体など自分たちの目的などを実現するため，政党などに働きかける団体を何といいますか。

(3) 下線部bについて，次の問いに答えなさい。

① 記述 小選挙区制度の問題点を，「死票」という語句を使って簡単に書きなさい。思

② 次のP・Qは，衆議院と参議院のどちらの選挙制度と関係が深いですか。思

　　P　小選挙区制が導入されている。

　　Q　全国を一つの単位とした比例代表制が導入されている。

(4) 下線部cについて，右の表中のX・Yにあてはまる数字をそれぞれ書きなさい。技

(5) 記述 下線部dについて，右の資料Ⅰからわかる，20歳代から60歳代までの投票率に見られる傾向を簡単に書きなさい。思

	被選挙権
衆議院議員	（　X　）歳以上
参議院議員	（　Y　）歳以上
市（区）町村長	（　X　）歳以上
市（区）町村議会議員	（　X　）歳以上
都道府県知事	（　Y　）歳以上
都道府県議会議員	（　X　）歳以上

▲被選挙権の年齢

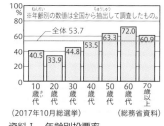

※年齢別の数値は全国から抽出して調査したもの。
全体 53.7
40.5　33.9　44.8　53.5　63.3　72.0　60.9
10歳代　20歳代　30歳代　40歳代　50歳代　60歳代　70歳以上
（2017年10月総選挙）　（総務省資料）
資料Ⅰ　年齢別投票率

❸ 次の問いに答えなさい。 36点

(1) 右の資料について，次の問いに答えなさい。

① 資料中の**A**にあてはまる政権を担当する政党を表す語句
と，**B**にあてはまる政権を担当しない政党を表す語句
をそれぞれ書きなさい。技

② 資料中の**A**のような複数の政党で組織された政権を何と
いいますか。

③ 資料から，日本は二党制・多党制のどちらですか。技

④ 資料中の政党が選挙のとき，政党の理念や，政権担当時
に実施する政策などを発表したものを何といいますか。

⑤ 資料中の政党の多くが，選挙での得票数や議席数に応じて国から支給されているお金
を何といいますか。

(2) メディアのうち新聞，インターネットの説明として正しいものを，**ア〜エ**からそれぞれ選
びなさい。思

ア 文字で情報を伝え，会社により情報の伝え方や論じ方にちがいのあることが多い。

イ 主に映像や音声で情報を伝え，日本では第二次世界大戦後からニュース番組などを放
送している。

ウ 音声で情報を伝え，日本では大正時代からニュース番組などを放送している。

エ 情報があふれていて誤った情報が多いため，メディアリテラシーが必要である。

（資料の円グラフ）
日本維新の会・無所属の会 11
日本共産党 12
希望の党 2
無所属 8
立憲民主・国民・社保・無所属フォーラム 119 **B**
465議席
公明党 29
自由民主党・無所属の会 284 **A**
（2020年6月現在）
資料　衆議院の政党別議席数

第3章

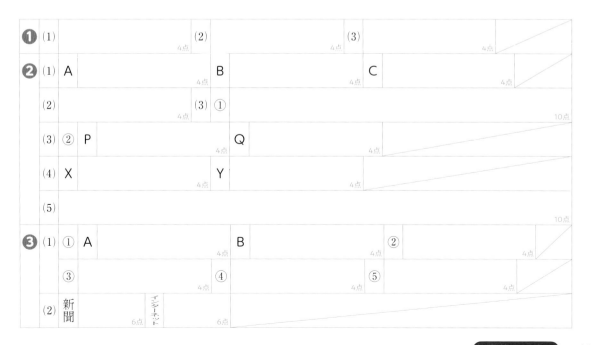

2　国の政治のしくみ①

（　　）にあてはまる語句を答えよう。

ノートを活用して，くり返し書いて覚えよう。

1　国会の地位としくみ

◆国会の地位

・国会は，日本国憲法で「**国権の最高機関**」，「**国の唯一の（　①　）**」
と定められている。

◆二院制

・国会は**衆議院**と**参議院**の二つで構成される（　②　）を採用→慎
重な審議により一つの議院の行き過ぎをおさえる。

	衆議院	参議院
議員定数	465人	245人※
任期	4年（（　③　）がある）	6年（3年ごとに半数を改選）
選挙権	18歳以上	18歳以上
被選挙権	25歳以上	30歳以上
選挙制度	小選挙区289人，（　④　）176人	選挙区147人，（　④　）98人

▲衆議院と参議院　※2022年の選挙から248人になる予定。

◆国会の種類

・1月に召集され審議の中心になる（　⑤　），必要に応じて召集
される（　⑥　），衆議院議員総選挙後に召集される（　⑦　）。ま
た，参議院の緊急集会がある。

2　国会の仕事

◆法律の制定と予算の審議

・憲法の次に強い効力をもつ（　⑧　）の制定や，国の収入やその
使い道の見積もりである（　⑨　）の審議を行う。

・最初に**委員会**で討論・採決された後，国会議員全員で構成さ
れる**本会議**で採決。

◆衆議院の優越

・法律案の再議決や（　⑨　）の議決，条約の承認，（　⑩　）**の指名**
などについては**衆議院の**（　⑪　）が認められている。→衆議院
は任期が短く解散もあるので，より国民の意見を反映してい
ると考えられるから。

◆その他の仕事

・憲法改正の発議のほか，衆参各院には**国政調査権**がある。

①
②
③
④
⑤
⑥
⑦

⑧
⑨
⑩
⑪

解答▶▶ p.10

1 次の問いに答えなさい。

(1) 右の表について，次
のX・Yは，衆議院・
参議院のどちらのも
のですか。

▼衆議院と参議院

	衆議院	参議院
議員定数	465人	245人（2022年から248人の予定）
任期	4年（解散がある）	6年（3年ごとに半数を改選）

 X　2021年1月現在，
議員の数がもう一つの議院よりも少ない。

 Y　議員の任期が短く，任期の途中で身分を失うことがある。

(2) 国会が二院制（両院制）になっている理由を，「防止」と
いう語句を使って簡単に書きなさい。

(1)	X
	Y
(2)	

2 次の問いに答えなさい。

(1) 法律の制定
に関する右
の資料中の
X・Yにあ
てはまる語句を書きなさい。

▲法律の審議・議決

(2) 国会の議決に関して，両院の議決が異なったときなどに開
催されることがある機関（会）を何といいますか。

(3) 衆議院の優越が認められている事項としてあてはまらな
いものを，ア〜ウから選びなさい。

 ア　憲法改正の発議を行うこと。 イ　内閣が結んだ条約を承認すること。
 ウ　内閣総理大臣（首相）の指名を行うこと。

(1)	X
	Y
(2)	
(3)	

書きトレ! 表のような事項について，衆議院の優越が適用される理由を，「任期」と「解散」，
「国民の意見」という語句を使って簡単に書きなさい。

事項
予算の先議，予算の審議，条約の承認，内閣総理大臣（首相）の指名，法律案の（再）議決，内閣不信任案の決議

▲衆議院の優越が適用される事項

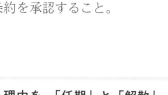

ヒント　2 (1) Xは分野ごとに数十人の国会議員で構成される会，Yは関係者や学識経験者の意見を聞く会です。

2　国の政治のしくみ②

（　　）にあてはまる語句を答えよう。

ノートを活用して，くり返し書いて覚えよう。

1　行政のしくみと議院内閣制

◉行政とは

・行政の役割…外交，経済政策，社会保障，教育などの実行。

・行政のしくみ…国と地方のうち国の行政では，国会で指名された（　①　）を中心に，外務省や財務省などの行政機関が担当。

◉内閣の仕事と構成／議院内閣制

・内閣の仕事…法律で定められたことの実施，行政機関の指揮監督，法律案や予算の国会への提出，（　②　）を結ぶこと，最高裁判所長官の（　③　）とその他の裁判官の任命，天皇の国事行為への助言と承認など。

・内閣の構成…（　①　）と，（　①　）が任命する（　④　）で組織。（　④　）の過半数は国会議員から選ばれなければならず，国の各省庁の長（大臣など）となる。内閣は行政の運営を**閣議**で決定。

▲閣議

・（　⑤　）…アメリカなどの大統領制に対して日本などで採用。国民は議員を選挙し，国会が（　①　）を指名。（　①　）を中心とする内閣は，国会に対して連帯して責任を負う。→衆議院は（　⑥　）の決議を行うことができ，可決されたときは10日以内に**衆議院の解散**か（　⑦　）を決定。

①
②
③
④
⑤
⑥
⑦

2　行政権の拡大と行政改革

◉行政を担当する公務員

・**公務員**…「全体の（　⑧　）」として役所などで働く。

◉行政権の拡大／行政改革

・「小さな政府」と「大きな政府」…前者は政府の役割を安全保障・治安維持に限定，後者は社会保障や雇用安定などに拡大。→近年は後者により，公務員の数や財政の規模が拡大。

・（　⑨　）**改革**…政府の役割の拡大にともない，「たてわり行政」や財政支出増加が問題に。

　→公務員の数の削減や「たてわり行政」の解消，自由な経済活動をうながす（　⑩　）を推進。

⑧
⑨
⑩

「たてわり行政」では，国の役所の利益が優先されていたんだ。

解答▶▶ p.10

❶ 次の問いに答えなさい。

　アメリカで（　①　）制が採用されているのに対し，日本では a議院内閣制が採用され，内閣は国会と関係している。内閣は行政の運営を（　②　）で決定し，bさまざまな仕事を行っている。

(1) ①・②にあてはまる語句を書きなさい。

(2) 下線部aに関する右の資料中のX・Yにあてはまる語句を書きなさい。

(3) 下線部bの仕事としてあてはまるものを，**ア**〜**ウ**から選びなさい。

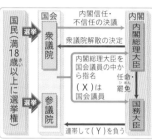
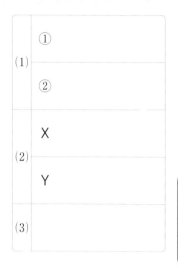

▲日本の議院内閣制

　ア　条約の承認　　**イ**　予算の国会への提出　　**ウ**　最高裁判所長官の任命

(1)	①	
	②	
(2)	X	
	Y	
(3)		

❷ 次の問いに答えなさい。

(1) 「全体の奉仕者」として役所などで働いている人たちを何といいますか。

(2) 行政権や行政改革に関する次のX・Yについて，正しいものには○を，間違っているものには×を付けましょう。

　　X　役割を治安維持などに限る政府を「大きな政府」という。

　　Y　近年,自由な経済活動を進める規制緩和が行われている。

(1)	
(2) X	
Y	

書きトレ!　資料からわかる，国会議員提出の法律案と比べたときの内閣提出の法律案の特徴を，「成立」と「割合」という語句を使って簡単に書きなさい。

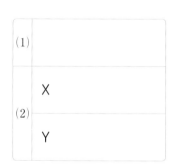

内閣提出の法律案　うち成立した法案　63　66

議員提出の法律案　10　136

0 20 40 60 80 100 120 140件

［第193回常会(2017年)］（内閣法制局資料）◀内閣提出の法律案と国会議員提出の法律案

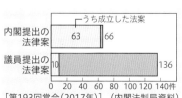　❶ (3)ア〜ウのうちあてはまらない二つは，国会の仕事と天皇の国事行為です。
　❷ (2)Y規制緩和は，行政による企業などへの許認可権を見直し，自由な経済活動をうながすことです。

2 国の政治のしくみ③

（　）にあてはまる語句を答えよう。

ノートを活用して，くり返し書いて覚えよう。

1 裁判所のしくみと司法権の独立

◆司法（裁判）とは

・（　①　）…憲法，法律，（地方公共団体が制定する）条例など。

・**司法（裁判）**…（　①　）に基づき争いや事件を解決し，社会の秩序を守るもの。→司法を担当し，裁判を行うのが**裁判所**。

◆裁判所の種類

・日本の裁判所…**最高裁判所**と（　②　）に分かれ，（　②　）には（　③　），**地方裁判所**，**家庭裁判所**，**簡易裁判所**がある。

・（　④　）…一つの案件について，3回まで裁判を受けられる制度。第一審から第二審の裁判所に訴えることを（　⑤　），第二審から第三審の裁判所に訴えることを（　⑥　）という。→慎重に裁判を行って誤った判決を防ぎ，人権を守るため。

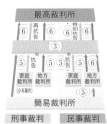

▲（　④　）のしくみ
※抗告とは，「判決」ではなく「決定・命令」に不服がある場合の申し立て。

◆公正な裁判を行うために

・**司法権の**（　⑦　）…裁判を公正に行うための原則。裁判所は国会や内閣の干渉を受けず，**裁判官**は良心に従い，憲法と法律のみに拘束される。→弾劾裁判，心身の病気，国民審査での決定などのほかで辞任させられることはない。

①
②
③
④
⑤
⑥
⑦

2 裁判の種類と人権の尊重

◆民事裁判と刑事裁判／裁判における人権保障

・**民事裁判**…私人間の争いの裁判。→訴えた人が（　⑧　），訴えられた人が**被告**。当事者間の合意である和解で終わることも。

・**刑事裁判**…犯罪について，有罪か無罪かを決める裁判。罪刑法定主義（犯罪・刑罰はあらかじめ法律で定める必要）を採用。→事件の発生で警察官と（　⑨　）が捜査して被疑者を捜し，（　⑨　）が被疑者を**被告人**として裁判所に訴える（起訴）。

・刑事裁判では，**令状**がない逮捕，捜索は原則禁止。被疑者・被告人には黙秘権や（　⑩　）（費用が払えないときは国選（　⑩　））をたのむ権利。有罪の判決を受けるまで推定無罪。

⑧
⑨
⑩

黙秘権は，答えることを拒否したり，裁判で黙ったりする権利のことだよ。

解答▶▶ p.10

1 次の問いに答えなさい。

　日本の裁判所は，（　①　）と _a下級裁判所に分かれ，三審制（さんしんせい）が採用されている。また，他の機関からの干渉を受けず，裁判官は（　②　）に従い，憲法と法律にのみ拘束されるという _b司法権の独立の原則がある。

(1)　①・②にあてはまる語句を書きなさい。

(2)　下線部 a について，下級裁判所は，高等裁判所，地方裁判所，簡易裁判所ともう1つは何裁判所か書きなさい。

(3)　下線部 b の原則が採用されている理由を，「裁判」という語句を使って簡単に書きなさい。

(1)	①
	②
(2)	
(3)	

2 次の問いに答えなさい。

(1)　民事裁判に関する右の資料中の **X**・**Y** にあてはまる語句を書きなさい。

(2)　刑事裁判と人権保障についての説明として正しいものを，**ア**〜**ウ** から選びなさい。

　ア　令状がなくても，原則捜索できる。

　イ　被告人は，弁護人を依頼できる。

　ウ　被疑者たちには，黙秘権がない。

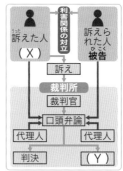
▲民事裁判の流れ

(1)	X
	Y
(2)	

書きトレ! 日本の裁判で三審制が採用されている理由を，「誤った判決」と「人権」という語句を使って簡単に書きなさい。

ヒント　**1** ⑵夫婦，親子に関する事件や少年事件の第一審を行います。
　　　　2 ⑴Y民事裁判の当事者が合意し，裁判を終わりにすることです。

地方裁判所で行われる裁判員裁判

（　　）にあてはまる語句を答えよう。

ノートを活用して，くり返し書いて覚えよう。

1 裁判員制度と司法制度改革

◉司法制度改革／裁判員制度とは

・（ ① ）改革…日本司法支援センター（愛称は（ ② ））の設置。
時間を短縮するための制度などの整備。

・（ ③ ）…（ ① ）改革の一つとして2009年から実施。重大な犯
罪の刑事裁判の地方裁判所での第一審で原則6人の（ ④ ）
（満20歳以上の国民の中からくじなどで選出）が参加。

> **詳しく解説！　裁判員制度**
>
> 原則6人の裁判員は，3人の裁判官と話し合い（評議），被告人が有
> 罪か無罪か，有罪なら刑罰の種類を決定（評決）。

◉刑事裁判における取り組み

・取り調べの可視化…無実の人の（ ⑤ ）を防ぐため，一部の事
件で警察官たちの取り調べを録音・録画。

・被害者（ ⑥ ）…一部の事件の裁判で被害者が被告人・証人に
質問できる制度。

①
②
③
④
⑤
⑥

2 三権の抑制と均衡

◉三権分立とは

・（ ⑦ ）（**権力分立**）…立法権を国会，行政権を内閣，司法権
を裁判所というように国の権力を三つの機関に分けること。

・**三権の関係と国民**…三権は，た
がいに抑制し合い，均衡を保つ
ことにより国の権力の集中を防
ぎ，国民の権利を守る。また，
国民は，国会に対して選挙，裁
判所に対して最高裁判所裁判官の（ ⑧ ）を行うことができる。

▲（ ⑦ ）のしくみ

・（ ⑨ ）…裁判所が，国会による法律，内閣による命令・規則・
処分が日本国憲法に違反していないかを判断する制度。各裁
判所が判断することができるが，合憲か違憲か判断する最終
決定権のある最高裁判所は，「（ ⑩ ）」とよばれる。

⑦
⑧
⑨
⑩

国民が検察の不起訴が
適切か適切でないかを
判断する機関に検察審
査会があるよ。

解答 ▶▶ p.11

1 次の問いに答えなさい。

> 日本では，裁判についての問題点の改善などを目的とする
> （ ① ）改革が推進され，a裁判員制度の導入や日本司法支援
> センター（愛称は（ ② ））の設置などが行われている。また，
> bえん罪を防ぐための制度の実施も行われている。

(1) ①・②にあてはまる語句を書きなさい。

(2) 下線部aの説明として正しいものを，ア～ウから選びなさい。

　　ア　刑事裁判の地方裁判所での第一審に導入されている。

　　イ　裁判員は，満25歳以上の国民の中からくじで選ばれる。

　　ウ　裁判員は，被告人が有罪か無罪かを決定し，有罪なら裁判官が刑罰の種類を決定する。

(3) 下線部bとしてあてはまるものを，ア～ウから選びなさい。

　　ア　被害者参加制度　　イ　検察審査会の設置　　ウ　取り調べの可視化

(1)	①
	②
(2)	
(3)	

2 次の問いに答えなさい。

(1) 三権分立に関する次のX・Yにあて
はまるものを，右の資料中のア～ケ
からそれぞれ選びなさい。

　　X　最高裁判所裁判官の審査を行う。

　　Y　内閣不信任の決議を行う。

▲三権分立のしくみ

(2) 最高裁判所が「憲法の番人」とよばれることがある理由を，
「最終」という語句を使って書きなさい。

(1)	X
	Y
(2)	

書きトレ！ 資料からわかる，アメリカやイギリスなどと比べたときの日本の10万人あたりの弁護士の数の特徴を，簡単に書きなさい。

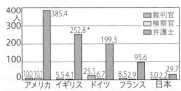

（2016年、ただし*は2017年）（最高裁判所資料）◀主な国の人口10万人あたりの裁判官・検察官・弁護士の数

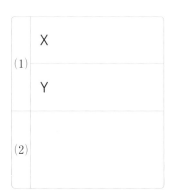

ヒント　1 (3)ア～ウのうちあてはまらない二つは，被害者保護のための制度と検察の不起訴が適切か適切でないかを判断するためのものです。

❶ 次の文を読んで，問いに答えなさい。

32点

> 　国会は，衆議院と参議院で構成される（　A　）制が採用されている。毎年1月に召集され，会期が（　B　）日間の常会（通常国会）などの種類があり，ₐ法律の制定などを行っている。また，アメリカなどの（　C　）制に対し，日本では♭議院内閣制が採用され，ｃ内閣と密接な関係を持っている。

(1)　A〜Cにあてはまる語句・数字を書きなさい。

(2)　下線部ａのとき，本会議の前に審議が行われるところを何といいますか。

(3)　記述 日本が下線部♭を採用していることから，内閣総理大臣（首相）が国務大臣を任命するとき，どのような条件がありますか。簡単に書きなさい。思

(4)　下線部ｃの仕事の内容として正しいものを，ア〜エから2つ選びなさい。思

　　ア　国政調査権の行使　　イ　条約の承認　　ウ　国の予算案の提出　　エ　政令の制定

❷ 次の問いに答えなさい。

32点

(1)　裁判のしくみに関する右の図Ⅰについて，次の問いに答えなさい。

① 　図Ⅰのような裁判のしくみを何といいますか。

② 　簡易裁判所，高等裁判所にあてはまるものを，図Ⅰ中のア〜ウからそれぞれ選びなさい。技

③ 　図Ⅰ中のａ・ｂにあてはまる語句の組み合わせとして正しいものを，ア〜エから選びなさい。

　　ア　ａ：控訴　ｂ：上告　　イ　ａ：上告　ｂ：控訴

　　ウ　ａ：再審　ｂ：控訴　　エ　ａ：再審　ｂ：上告

④ 　次のX〜Zは，図Ⅰ中のA・Bのどちらの裁判で裁かれますか。思

　　X　親の遺産をめぐり，兄弟間で争いが起こった。

　　Y　店で商品を盗み，警察に逮捕された。

　　Z　国が行った工事で損害を受けた。

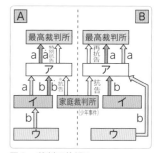

図Ⅰ　裁判の仕組み
※抗告とは，「判決」ではなく，「決定・命令」に不服がある場合の申し立て。

(2)　裁判員裁判の法廷に関する右の図Ⅱからわかることなどとして正しいものを，ア〜エから選びなさい。技

　　ア　この法廷は，民事裁判の第一審のときのものである。

　　イ　この法廷で裁判員はあの席に座り，裁判官とともに審理に参加する。

　　ウ　この法廷で弁護人はいの席に座り，被告人を弁護する。

　　エ　この法廷で検察官はうの席に座り，被告人を有罪にするように求める。

図Ⅱ　裁判員裁判の法廷

❸ 三権分立のしくみに関する右の図Ⅰについて，次の問いに答えなさい。 36点

(1) 次のX～Zにあてはまるものを，図Ⅰ中のa～fからそれぞれ選
びなさい。技

　X　最高裁判所長官を指名する。
　Y　弾劾裁判所を設置する。
　Z　この決議が可決されると，内閣は衆議院を解散または総辞職
　　しなければならない。

(2) 国民審査にあてはまるものを，図Ⅰ中のア～ウから選びなさ
い。技

(3) 図Ⅰ中の行政権を担当する機関について，次の問いに答えなさい。

　① 右の図Ⅱは，「小さな政府」と「大きな政府」のどちらと関
　　係が深いですか。技

　② 国や地方公共団体で「全体の奉仕者」として働いている役人
　　などをまとめて何といいますか。

　③ 企業などへの行政の許認可権を見直し，自由な経済活動をうながすことを何といいま
　　すか。

(4) 図Ⅰ中の司法権に関して，次の問いに答えなさい。

　① 司法権を担当する機関が持ち，右の**資料**と関係が深い
　　制度を何といいますか。思

　② 司法権を担当する中でもその最高機関は，①の制度に
　　よる最終的な決定権を持つことから，「憲法の
　　（　　　　）」とよばれます。（　　　　）にあてはまる語句
　　を書きなさい。

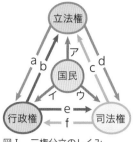
図Ⅰ　三権分立のしくみ

図Ⅱ

薬局の開設の条件として，
他の薬局から一定以上の距離
がなければならないという薬
事法第6条は，日本国憲法第
22条の職業選択の自由に違反
しており，無効である(1975年)。

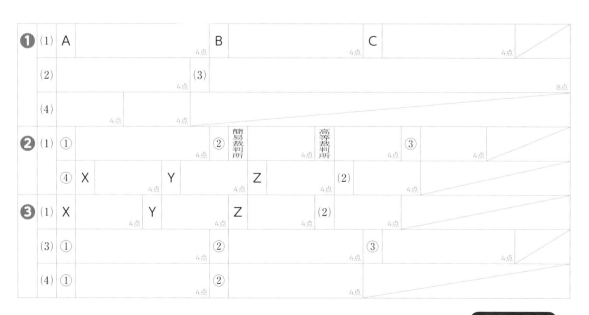

3　地方自治と政治参加①

地方議会の様子

（　　）にあてはまる語句を答えよう。

ノートを活用して，くり返し書いて覚えよう。

1 私たちの住む地域と地方自治

◉地方自治とは

・住民の意思で地域を運営する住民自治が必要で，運営する場が（　①　）（地方自治体）。国から自立した団体（自治体）を作る地方自治の原則は地方自治法で規定され，身近で民主主義を学ぶことができる地方自治は「**民主主義の**（　②　）」とよばれる。

◉国と地方公共団体

・地方公共団体の仕事…市町村や特別区はごみの収集や小・中学校の設置。都道府県は広域医療や（　③　）網の整備など。

・国の仕事…外交や司法，防衛，公的年金の仕事など。

◉地方分権

・（　④　）…国の多くの仕事や財源を地方公共団体に移すこと（1999年の地方分権一括法など）。

①
②
③
④

2 地方自治のしくみ

◉地方議会と首長

・（　⑤　）…都道府県議会や市（区）町村議会といった地方公共団体の議会。地方議員は（　⑥　）歳以上の住民による直接選挙で選出。→法律の範囲内で独自の（　⑦　）を制定。また，予算を議決。

・（　⑧　）…都道府県知事や市（区）町村長といった地方公共団体の長。（　⑥　）歳以上の住民による直接選挙で選出される。

> **詳しく解説！** **地方の被選挙権**
> 市（区）町村長と地方議員の被選挙権は25歳以上，都道府県知事の被選挙権は30歳以上である。

◉地方自治の進め方

・地方公共団体では，議員だけでなく（　⑧　）も住民が直接選挙で選ぶ**二元代表制**。

・議会は（　⑧　）の（　⑨　）決議を行い，（　⑧　）は議会の（　⑩　）を行える。

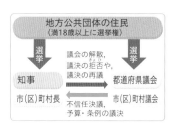
▲地方自治のしくみ

⑤
⑥
⑦
⑧
⑨
⑩

地方公共団体では，首長を直接住民が選ぶことができるよ。

解答▶▶ p.11

3　地方自治と政治参加①

① 次の問いに答えなさい。

(1) 地方公共団体の仕事としてあてはまるものを，**ア～エ**から
　　2つ選びなさい。

　　ア　外交　　**イ**　警察　　**ウ**　司法
　　エ　小・中学校の設置

(2) 国の多くの仕事や財源を地方公共団体に移すことを何と
　　いいますか。漢字4字で書きなさい。

(1)	
(2)	

② 次の問いに答えなさい。

> 　地方公共団体では，地方議会が<u>条例</u>の制定や予算の議決を
> 行い，（　①　）が条例や予算を実行している。また，地方自治
> は「（　②　）の学校」とよばれ，地域の人々が直接政治に参加
> する機会が多い。

(1) ①・②にあてはまる語句を書きなさい。

(2) 下線部を制定するとき，どのような制限がありますか。「範
　　囲内」という語句を使って簡単に書きなさい。

(3) 地方公共団
　　体の選挙権
　　と被選挙権
　　についての
　　右の表中の
　　X・Yにあてはまる数字を書きなさい。

	選挙権	被選挙権
市（区）町村長	（　X　）歳以上	25歳以上
都道府県知事	（　X　）歳以上	（　Y　）歳以上
都道府県・市(区)町村議会の議員	（　X　）歳以上	25歳以上

◀住民の選挙権と被選挙権

(1)	①	
	②	
(2)		
(3)	X	
	Y	

第3章

書きトレ！　地方の政治で取り入れられている二元代表制は，どのような制度ですか。資料から
わかることを，住民と首長・地方議員の関係に着目し，簡単に書きなさい。

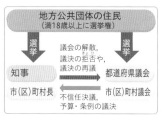

◀地方自治のしくみ

ヒント　①　(1)国が国際社会での日本の立場に関係する仕事，全国的な規模の仕事などを行うのに対し，地方公共団
体は住民の生活に密接な仕事などを行うことから考えよう。

3　地方自治と政治参加②

（　）にあてはまる語句を答えよう。

ノートを活用して，くり返し書いて覚えよう。

1 地方公共団体の財政

◉地方財政のしくみ

・（　①　）…地方公共団体が収入を得て，支出する経済活動のこと。1年間に使うお金を（　②　），得るお金を**歳入**という。

・財源…地方公共団体が集める自主財源と，不足分などを国などから補う依存財源がある。

　→自主財源…都道府県税や市（区）町村税といった（　③　）。

　→依存財源…地方公共団体間の格差を抑制するために国が支給する**地方交付税交付金**，特定の費用の一部を国が負担する**国庫支出金**，地方公共団体の借金である（　④　）などがある。

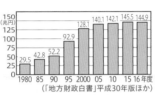
▲（　④　）の発行残高の推移

| ① |
| ② |
| ③ |
| ④ |
| ⑤ |

◉地方公共団体のこれから

・地方債を発行しすぎると，収入の多くを借金の返済に回し，住民に必要な仕事ができなくなるため，市町村（　⑤　）や公務員・事業の削減に取り組む地方公共団体がある。

2 地方自治と住民参加

◉私たちの声を生かす／直接請求権

・（　⑥　）…住民の意思を反映させるための直接民主制の要素がある権利。条例の制定・改廃や監査，議会の解散や首長・議員の解職請求ができる。これらの請求をするためにはそれぞれ一定数の署名が必要。

・住民の意見を聞くために実施する（　⑦　）や，地方公共団体の仕事を監視しやすくする情報公開制度の制定。

| ⑥ |
| ⑦ |
| ⑧ |
| ⑨ |

> **詳しく解説！** **住民投票**
> 住民投票を実施することがらには，市町村合併や原子力発電所の設置，アメリカ軍基地縮小などがあるが，結果に法的な拘束力はない。

・**社会参画**…地域の課題には地方公共団体だけでなく，住民が自発的に参加する（　⑧　）活動や，非営利組織である（　⑨　）などとの協働が大切。

地域の現状を理解して，積極的に住民参加をすることも大切な役割だね。

解答▶▶ p.12

3　地方自治と政治参加②

1 次の問いに答えなさい。

> 地方財政のうち 1 年間に得るお金のことを（　①　）という。（　①　）には，自主財源である地方税や，（　②　）財源である地方交付税交付金，a 国庫支出金，地方債などがある。近年は地方財政の健全化のため，b 市町村合併や公務員の削減などを行っているところがある。

(1) ①・②にあてはまる語句を書きなさい。

(2) 下線部 a の説明としてあてはまるものを，ア～ウから選びなさい。

　ア　地方公共団体の借金。

　イ　特定の費用の一部を国が負担するお金。

　ウ　地方公共団体間の格差を抑制するため国が支給するお金。

(3) 下線部 b について，右の資料に関する次の X・Y の説明が，正しいものには○を，間違っているものには×を付けましょう。

　X　近年の合併で市町村全体の数は減少している。

　Y　近年の合併で市の数は，大幅に減少している。

(1)	①	
	②	
(2)		
(3)	X	
	Y	

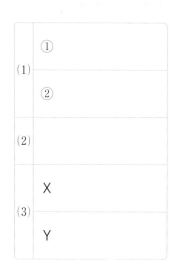

	市	町	村	
1999年 3月31日	670	1994	568	3232
2010年 3月31日	786	757	1727	184
2016年 10月10日	791	744	1718	183

0　　1000　　2000　　3000市町村
（総務省資料）

▲市町村数の推移

2 次の問いに答えなさい。

(1) 地方議会の解散を請求する場合，原則として有権者の何分の 1 以上の署名が必要ですか。

(2) NPO は，何という民間団体の略称ですか。漢字 5 字で書きなさい。

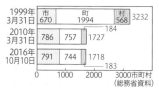

| (1) | |
| (2) | |

書きトレ! 資料からわかる，東京都と比べたときの鳥取県の歳入の内訳の特徴を，「地方税」と「地方交付税交付金など」という語句を使って簡単に書きなさい。

	地方税		国庫支出金 4.9 地方債 2.1	
東京都 7兆1225億円	地方税 74.7%		地方交付税交付金など 3.4	その他 14.9
鳥取県 3582億円	17.8	42.0	13.2 13.1	13.9

(2016年度)　　（「地方財政統計報平成28年度」）

▲東京都と鳥取県の歳入の内訳

ヒント　① (2)ア～ウは，地方交付税交付金，国庫支出金，地方債のいずれかの説明です。

(3)近年の市町村合併では，いくつかの町や村がまとまって市になることが多くなっています。

❶ 次の問いに答えなさい。

24点

(1) 地方公共団体（地方自治体）の仕事やしくみなどを定めた右の**資料Ⅰ**の法律の名称を書きなさい。

(2) 記述 地方自治が「民主主義の学校」とよばれることがある理由を、「住民の生活」と「民主主義」という語句を使って簡単に書きなさい。思

(3) （神奈川県川崎市の）住民が市の政治に期待することをまとめた右の**資料Ⅱ**に関する次の①・②について、正しいものには○を、間違っているものには×を付けましょう。技

① 割合が上位5つの項目のうち警察が関係する2つの項目は、どちらも35%以上である。

② 割合が下位3つの項目のうち特に高齢者に関係する項目は、2つである。

(4) 近年、地方分権で国から地方公共団体に一部が移されているものの組み合わせとしてあてはまるものを、ア～エから選びなさい。思

| ア | 国の仕事と財源 | イ | 法律の制定権と財源 |
| ウ | 国の仕事と司法権 | エ | 法律の制定権と司法権 |

第1条　この法律は、地方自治の本旨に基いて、地方公共団体の区分並びに地方公共団体の組織及び運営に関する事項の大綱を定め、併せて国と地方公共団体との間の基本的関係を確立することにより、地方公共団体における民主的にして能率的な行政の確保を図るとともに、地方公共団体の健全な発達を保障することを目的とする。

資料Ⅰ　ある法律

防犯	防犯対策	44.0%
高齢者	高齢者のための施策	38.4
環境・美化・清掃	自然・緑の保全・道路・公園	35.5
医療	病院・診療所・救急医療体制の整備	35.3
交通安全	交通安全対策	34.6
道路整備	道路・歩道の整備	33.8
子ども	子どものための施策	33.3
公害防止	大気汚染・騒音・振動などへの対策	30.8
区役所機能	地域の問題解決	30.5
学校教育	施設整備や内容充実	28.1
健康づくり	健康診断・がん検診など	27.6
障がいのある人	障がいのある人のための施策	26.9
再開発	主要な駅周辺の再開発	25.3
自転車対策	放置自転車・駐輪場など	24.2
中小企業	中小企業で働く人のための施策	24.1

※複数回答、上位15位まで。

(2017年)（「かわさき市民アンケート報告書」平成29年度）
資料Ⅱ　住民が市政に期待すること

❷ 次の文を読んで、問いに答えなさい。

40点

地方では、首長と ₐ地方議員がそれぞれ18歳以上の住民による直接選挙で選出される（　A　）制となっている。住民はこの選挙のほか、地方の独自の法である（　B　）の制定や改廃の請求、（　C　）ともよばれる首長・地方議員らの ᵦ解職請求などの直接請求権を持っている。

(1) A～Cにあてはまる語句を書きなさい。

(2) 下線部aに関して、次の問いに答えなさい。

① X～Zの人のうち都道府県議会議員の被選挙権を持っているのは何人ですか。技

X　20歳の大学生　　Y　27歳の会社員　　Z　40歳の教師

② 地方議会が行うことができることとして正しいものを、ア～エから2つ選びなさい。思

ア　議会の解散　イ　予算の議決　ウ　副市町村長らの指名　エ　首長の不信任決議

(3) 下線部bについて、有権者の数が60,000人の市の場合、市長の解職請求に必要な署名数は何人分以上ですか。また、署名が集まった場合の請求先はどこですか。技

❸ 次の問いに答えなさい。

(1) 地方公共団体（地方自治体）が収入を得て，支出する経済活動を何といいますか。

(2) 右の**資料Ⅰ**のように地方公共団体が1年間に得る収入のことを何といいますか。

(3) 右の**資料Ⅰ**のA～DのうちA・Bにあてはまる項目を，次の
A・Bの説明を参考にして，**ア～ウ**からそれぞれ選びなさ
い。技

   A 自主財源である。

   B 国が地方公共団体間の収入の格差を抑制するために支給
   している。

   ア 地方交付税交付金など　　**イ** 国庫支出金

   ウ 地方税

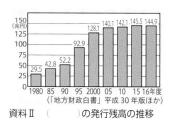

地方公共団体の収入
（総額83兆8973億円）

C 15.6%
B 22.0
A 45.1
D 10.6
その他 6.7

(2018年度 当初計画)(財務省資料)
資料Ⅰ　収入の内訳

(4) 右の**資料Ⅱ**は，地方公共団体の借金である（　　　）の発行残
高の推移です。（　　　）にあてはまる語句を書きなさい。技

(5) 近年，首都圏や都市部をのぞく地方の地方公共団体で問題と
なっていることとしてあてはまらないものを，**ア～ウ**から選
びなさい。思

   ア 少子化　　**イ** 人口密度の上昇　　**ウ** 人口の流出

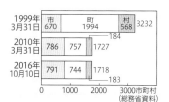

資料Ⅱ（　　　）の発行残高の推移

(6) 近年，右の**資料Ⅲ**のように市町村数が急激に減少しているの
は，市町村（　　　）によるもので，仕事の効率化などを目的
としています。（　　　）にあてはまる語句を書きなさい。思

(7) 多様な地域の課題などに自発的に取り組む人々を何といいま
すか。カタカナで書きなさい。

(8) 非営利組織の略称を，**ア～ウ**から選びなさい。

   ア ICT　　**イ** PKO　　**ウ** NPO

資料Ⅲ　市町村数の推移

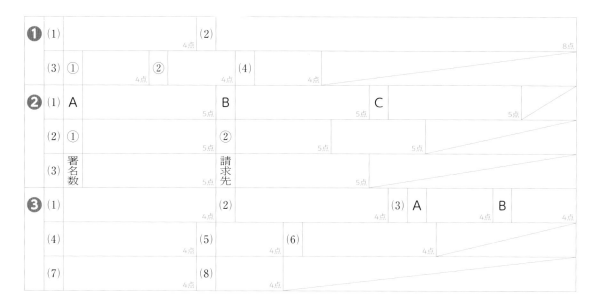

自動車工場での分業

（　）にあてはまる語句を答えよう。

ノートを活用して，くり返し書いて覚えよう。

1 経済とは

◆資源には限りがある

・お金や時間には限りがある→何に使うか（　①　）する必要がある。

・人の欲求には限りがないのに対して，消費できる資源は無限にあるわけではなく，限りがあることを（　②　）という。

◆選択の重要性

・資源をむだなく使い（　③　）的に生産を進めるには，全体を見て，できるだけ良い（　①　）をすることが重要である。

◆家計・企業・政府

・**生産・流通・消費**を中心とする人間の活動を（　④　）という。

・（　④　）活動は，（　⑤　）・（　⑥　）・（　⑦　）によって行われる→たがいにつながり，循環している。

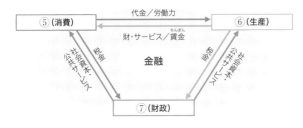

①
②
③
④
⑤
⑥
⑦

2 経済活動と私たち

◆分業と交換

・得意なことも不得意なことも一人で全部行う→手間がかかり（　③　）が悪い。

・それぞれの人が得意な仕事に専念する（　⑧　）を行い，たがいに生産したものを（　⑨　）する→（　③　）良くより豊かな生活を送ることができる。

◆現代の経済活動

・企業の生産においても，細かく（　⑧　）が行われている→部品をつくる人，部品を組み立てる人，検査する人など。

・世界全体を見ても（　⑧　）が行われている→原料となる資源を豊富にもっている国，製品を組み立てる高い技術力がある国，安く豊富な労働力がある国など。

⑧
⑨

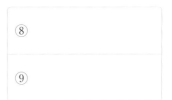
グローバル化が進み，国際分業の動きが強まっているよ。

解答▶▶ p.13

❶ 次の問いに答えなさい。

(1) 次のX，Yの文を読んで，正しければ○，間違っていれば
×を付けましょう。

X　人が消費できる資源には，限りがある。

Y　資源をむだなく効率よく生産するには，選択は重要で
はない。

(2) 経済のしくみを示した右の図
中の①〜③に，企業，政府，
家計のいずれかの語句を書き
なさい。

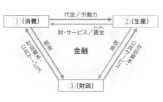

(1)	X
	Y
(2)	①
	②
	③

❷ 次の問いに答えなさい。

　生産活動を行うにあたっては，それぞれの人が得意な仕事
に専念する（　①　）を行い，たがいに生産したものを（　②　）す
れば効率が良い。（　①　）は<u>国際的に行われている</u>。

(1) ①・②にあてはまる語句を書きなさい。

(2) 下線部について，例えば，A国ではある商品を生産するの
に100人で5日かかり，B国では同じ商品を同じ量生産す
るのに80人で8日かかる場合，より効率が良いのはA国と
B国のどちらですか。

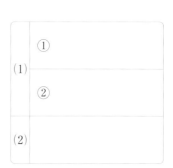

(1)	①
	②
(2)	

書きトレ！ ダイヤモンドは，「希少性がある」といわれることがありますが，そのようにいわ
れる理由を，資料をもとに簡単に書きなさい。

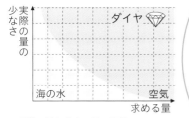

▲実際の量と求める量の関係

ヒント　❶ (2)社会資本や公共サービスを提供するのはどこでしょうか。
　　　　❷ (2)人数×日数の少ない方が，効率が良いことになります。

解答▶▶ p.13　　59

1　経済のしくみと私たちの消費②

（　）にあてはまる語句を答えよう。

ノートを活用して，くり返し書いて覚えよう。

1　家計と消費

◆消費生活

・私たちは，商品を**消費**して生活している→商品のうち，形のあるものは**財**，形のないものは（　①　）と分類できる。

◆家計の収入と支出

・（　②　）…家族や個人などの消費生活の単位であり，収入と支出の活動を行っている。→支出について，食品，衣類，教育など生活に必要な財やサービスに使うものを（　③　），税金や社会保険料などを非消費支出。また，収入からこれらを引いたものを（　④　）といい，預金や株式などの形で将来に残す。

詳しく解説！	**収入の種類**

会社などで働いて得る給与収入，商店の経営などで得る事業収入，土地などから得る財産収入に分類できる。

①
②
③
④

最近は貨幣だけではなく電子マネーやクレジットカードでも支払いができるよ。

2　消費者の権利を守る

◆契約と消費者主権

・（　⑤　）…当事者間の合意のこと。契約書がなくても成立。

・**契約自由の原則**…（　⑤　）の相手や内容，方法などを基本的に自由に選べる。→（　⑤　）後は当事者間に守る義務が発生。

・（　⑥　）…**消費者**が自分の意思・判断で商品を自由に選択，購入すること。

・アメリカの（　⑦　）大統領が1962年に「消費者の四つの権利」を提唱。

◆自立した消費者をめざして

・（　⑧　）**制度**…訪問販売や電話勧誘などによる商品の購入後，8日以内なら消費者は無条件で（　⑤　）を解除できる制度。

・（　⑨　）**法**…消費者が欠陥商品で被害を受けたときの企業の責任を定める。

・**消費者契約法**…（　⑤　）上のトラブルから消費者を保護。

・2004年には消費者保護基本法を改正した（　⑩　）**法**が成立し，2009年には消費者行政を一元的に行う役所の（　⑪　）を設置。

・商品の知識や情報を集め，判断力を備えた**自立した消費者**へ。

⑤
⑥
⑦
⑧
⑨
⑩
⑪

解答▶▶ p.13

❶ 次の問いに答えなさい。

　家族などの _a消費生活の単位を（　①　）といい，給与収入や事業収入などを得て，消費支出や非消費支出を支払っている。収入から消費支出や _b非消費支出を引いたものを（　②　）という。

(1)　①・②にあてはまる語句を書きなさい。

(2)　下線部 a と関係が深い商品のうち，形のない商品を何と言いますか。

(3)　下線部 b にあてはまるものを，ア〜エから2つ選びなさい。
　　ア　教育費　　イ　社会保険料　　ウ　（銀行）預金
　　エ　税金

(1)	①
	②
(2)	
(3)	

❷ 次の問いに答えなさい。

(1)　契約自由の原則に関する次のX，Yについて，正しいものには○を，間違っているものには×を付けましょう。
　　X　契約の相手や内容は基本的に自由である。
　　Y　契約後，おたがいに何の義務も負わない。

(2)　国が2009年に消費者行政を統一的に行うために設置した役所は何ですか。

(3)　クーリングオフについての次の文中の（　　）にあてはまる内容を「無条件」という語句を使って簡単に書きなさい。
　　・消費者が訪問販売などで商品を購入したとき，8日以内であるなら（　　　　）制度である。

(1)	X
	Y
(2)	
(3)	

第4章

書きトレ！ 日本の貯蓄には，アメリカと比較してどのような特徴がありますか。「現金・預金」と「株式」という語句を使って簡単に書きなさい。

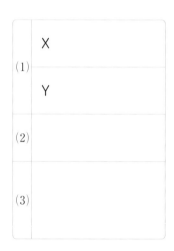

▲日本とアメリカの家計の貯蓄構成の比較

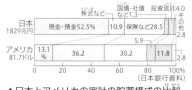

ヒント　❶ (1)消費支出は生活に必要な財やサービスへの支払い，（　②　）は将来の消費に備えるものです。

1　経済のしくみと私たちの消費③

（　）にあてはまる語句を答えよう。
ノートを活用して，くり返し書いて覚えよう。

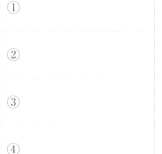

1 流通のしくみ

◉流通と商業

・（　①　）…商品が卸売業者から小売業者を経て消費者に届くまでの流れ。→卸売業と小売業など（　①　）に関わるのが（　②　）。

・商業の役割…消費者が商品を入手するまでの手間や費用を省く。

◉流通の合理化

・流通の（　③　）…卸売業者や小売業者が（　①　）における労力や費用を節約すること。→小売業者の生産者からの直接仕入れなど。

・近年は商品の配送や販売などの物流をコンピューターで管理。売り手が買い手に直接売るインターネット・ショッピングも。

・情報の活用…消費者は商品を判断するにあたって情報を入手し，企業側も（　④　）とよばれる消費者の買い物の記録や個人情報を，仕入れ量の判断や新商品の開発に活用。

| ① |
| ② |
| ③ |
| ④ |

> 詳しく解説！ **POS（販売時点情報管理）システム**
> 店でバーコードを読み取ることで商品が売れた日時や個数などが記録されるため，集めた情報を商品の管理などに利用できる。

最近は，小売業者が企画，販売するプライベートブランドが増えているよ。

2 市場経済と価格

◉需要・供給と価格の決まり方

・（　⑤　）…ある商品が売買される場の全体のこと。

・（　⑥　）…消費者が商品を買おうとする量。

・（　⑦　）…生産者が商品を売ろうとする量。

　→商品の**価格**は（　⑥　）と（　⑦　）の関係で変化し，（　⑥　）が（　⑦　）を上回ると，通常，価格は（　⑧　）する。

・（　⑨　）…（　⑥　）と（　⑦　）が一致するときの価格。

（価格）高い／安い　（数量）少ない／多い　供給曲線　需要曲線　（⑨）

◉市場経済

・（　⑩　）…さまざまな市場が生活の中に存在する経済。

・（　⑩　）では，**市場価格**の上下で（　⑦　）が調整される。→生産者は，生産要素を使ってどのくらい生産するかを判断。

| ⑤ |
| ⑥ |
| ⑦ |
| ⑧ |
| ⑨ |
| ⑩ |

解答▶▶ p.14

❶ 次の問いに答えなさい。

(1) 小売業についての右の資料に関する次のX・Yについて，正しいものには○を，間違っているものには×を付けましょう。

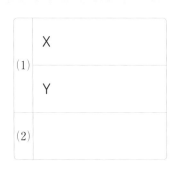

▼小売業の販売額の推移

（「商業動態統計調査」ほか）

X　大型スーパーマーケットは，2017年の販売額が3つの小売業の中で2番目に多い。

Y　コンビニエンスストアの販売額は，2000年と2010年の間に百貨店をこえている。

(2) 流通の合理化にあてはまるものを，ア〜ウから選びなさい。

ア　卸売市場でせりを行って価格を決める。

イ　とれた野菜を産地直送で消費者に売る。

ウ　卸売業者と仲卸業者を通して小売業者へ売る。

(1)	X
	Y
(2)	

❷ 次の問いに答えなさい。

(1) 右の資料についての次の文中のX〜Zにあてはまる語句をそれぞれ書きなさい。

・資料のAは消費者が買おうとする（　X　）の変化を，Bは生産者が売ろうとする（　Y　）の変化を示し，二つの曲線が交差するCは（　Z　）価格である。

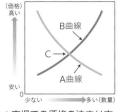

▲市場での価格の決まり方

(2) 市場経済において，商品を買おうとする量や売ろうとする量の変動で決まる価格のことを何といいますか。

(1)	X
	Y
	Z
(2)	

第4章

書きトレ！ 資料から農産物であるトマトと比べたとき，工業製品であるトマトケチャップの価格に見られる特徴を，簡単に書きなさい。

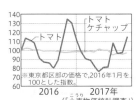

※東京都区部の価格で，2016年1月を100とした指数。

（「小売物価統計調査」）　◀農産物と工業製品の価格の変動

ヒント ❷ (1)価格が高くなる場合，買おうとする量（数量）と売ろうとする量（数量）がそれぞれどうなるか資料で確認しておきましょう。

解答▶▶ p.14

❶ 次の問いに答えなさい。 　30点

(1) 右のA・Bは，それぞれ財とサービスのどちらと関係が深いですか。技

(2) ある世帯の収入である次のメモの下線部があてはまる収入を，ア〜ウから選びなさい。思

> 9月のある世帯の収入
> ・夫が経営する店からの収入：●●円　　・妻が従業員として働く会社からの収入：●▲円
> ・この夫婦が持つ<u>土地から得る収入</u>：■円

ア　給与収入　　イ　事業収入　　ウ　財産収入

(3) 記述 家計における貯蓄は，どのようなものですか。「収入」と「非消費支出」という語句を使って簡単に書きなさい。思

(4) ある消費者が（　　　）カードを使って小売店で商品を買い，その後，（　　　）カードの発行会社に代金を支払いました。（　　　）に共通してあてはまる語句を書きなさい。

❷ 次の文を読んで，問いに答えなさい。 　45点

> 1960年代に_aアメリカと同じく日本でも消費者問題が深刻になり，これ以降，さまざまな_b法律が制定された。2004年に制定された（　A　）法で_c消費者は，（　B　）した消費者として支援されることになり，一方で_d適切な情報に基づき，行動することを求められている。

(1) A・Bにあてはまる語句を書きなさい。

(2) 下線部aの大統領で，1962年に「消費者の四つの権利」を唱えたのはだれですか。

(3) 下線部bのうちPL法の内容として正しいものを，ア・イから選びなさい。思
ア　訪問販売などで一定の期間内なら消費者側から無条件で契約を解除できる。
イ　消費者が欠陥商品で被害を受けたときに企業に損害賠償の責任を求める。

(4) 商品が下線部cに届くまでについて，次の問いに答えなさい。

① 流通の合理化により，費用が削減できる関連産業として正しいものを，ア〜エから2つ選びなさい。思
ア　保険業　　イ　広告業　　ウ　運送業
エ　倉庫業

▲流通の合理化の例

② ①の費用の削減とも関係が深い，販売時点情報管理システムを何システムといいますか。アルファベットで書きなさい。

③ 生産から販売までをすべて行う企業の業態を何といいますか。

(5) 下線部dについて，右の図は，（　　　）に配慮した商品などに付けられるラベルの例です。（　　　）にあてはまる語句を書きなさい。技

❸ 次の問いに答えなさい。 25点

(1) ある商品の需要曲線と供給曲線である右の図について，次の問い
に答えなさい。

① 価格が100円から150円になったとき，需要量は増加しますか，
減少しますか。 技

② 価格が150円のとき，需要量と供給量の差は何万個ですか。 技

③ 需要量と供給量が一致したときの価格はいくらですか。 技

(2) 記述 現在，大手小売業者が生産者から直接商品を買い付けたり，消費者が産地直送で商品
を手に入れたりするなど，流通の合理化が進んでいます。流通の合理化は，消費者にとっ
てどのような利点がありますか。「価格」という語句を使って簡単に書きなさい。 思

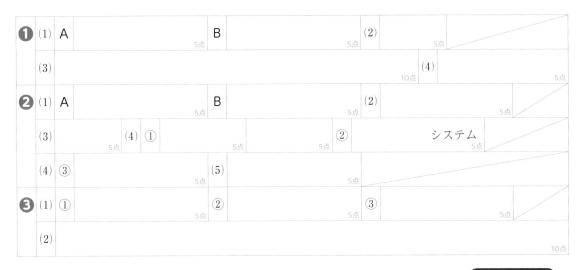

第4章

❶	(1)	A		B		(2)			
			5点		5点		5点		
	(3)					(4)			
					10点				5点
❷	(1)	A		B		(2)			
			5点		5点		5点		
	(3)		(4) ①			②		システム	
		5点		5点		5点		5点	
	(4) ③			(5)			5点		
			5点						
❸	(1) ①			②		③			
			5点		5点		5点		
	(2)								
							10点		

2　企業と労働①

（　）にあてはまる語句を答えよう。

ノートを活用して，くり返し書いて覚えよう。

1 企業とは

◉ **私企業と公企業**

・（　①　）（民間企業）と
（　②　）…前者は利潤を
目的とした企業。後者
は地方公共団体が運営
する水道・市バスなど
公共の目的を実現する
ための企業。

①	個人企業	農家,個人商店など
①	法人企業	株式会社など
②	地方公営企業	水道, 市バスなど
②	独立行政法人	造幣局，国際協力機構（JICA）など

▲主な企業の種類

①
②
③
④
⑤

◉ **企業の生産活動／技術革新**

・企業の生産活動…土地（**自然**）・設備（（　③　））・（　④　）の三
つの要素がまず必要。

・知的資源と（　⑤　）…前者はアイディア・新しい知識，後者は効率的な生産方法を生み出すもの。

> **詳しく解説！** **技術革新**
>
> コンピューターの技術や自動車の自動運転技術などの研究は技術革新につながり，効率的な生産により企業に利潤をもたらす。

2 株式会社

◉ **株式とは／株式会社のしくみ**

・企業の設立・経営に必要な資金を資本とよぶ。

・**株式会社**…法人企業のうち（　⑥　）の発行で得た資金で設立した企業。（　⑥　）の所有者は**株主**。→会社の所有者となる。

・株主には，会社の基本方針を決める（　⑦　）に参加する権利や，利潤の一部を（　⑧　）として受け取る権利がある。また，会社が倒産しても資金以上の負担は負わない（有限責任）。

◉ **株価と株式市場**

・（　⑨　）など…（　⑥　）を売買するところ。→売買を通じて株価が決定し，会社の業績の見通しなどによって変動する。

◉ **企業が負っている責任**

・近年の企業は，利潤の追求だけでなく，企業の（　⑩　）**責任**（CSR）を果たすことが求められる。→法令の遵守や情報の公開，消費者の安全，従業員の生活の安定など。

⑥
⑦
⑧
⑨
⑩

株主総会では，経営者を交代させることもできるよ。

解答▶▶ p.15

1 次の問いに答えなさい。

(1) 私企業にあてはまるものを，ア～エから2つ選びなさい。

　　ア　法人企業　　イ　独立行政法人

　　ウ　個人企業　　エ　地方公営企業

(2) 企業の生産活動に関する右の資料のX
　　～Zにあてはまる語句を，ア～ウから
　　それぞれ選びなさい。

　　ア　設備　　イ　労働力　　ウ　土地

(3) 企業の努力について，効率的な生産を
　　生みだす研究は何につながりますか。

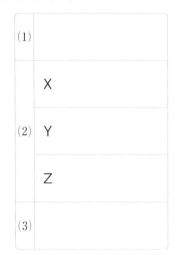

▲企業の生産活動

(1)	
(2)	X
	Y
	Z
(3)	

2 次の問いに答えなさい。

　日本の代表的な法人企業に株式会社がある。<u>株主</u>は，証券
取引所などで株式を購入した投資家で，（　①　）に参加して経
営方針を決定したり，会社の利潤に応じて（　②　）を受け取っ
たりする権利を持っている。

(1) ①・②にあてはまる語句を書きなさい。

(2) 下線部に関する次の文の（　　）にあてはまる内容を「資
　　金」という語句を使って簡単に書きなさい。

　　・株主は，会社が倒産しても（　　　　　）を負う必要はな
　　　い。これを有限責任という。

(1)	①
	②
(2)	

書きトレ！ 資料で示したものは，株主たちが何を確認するために読むものですか。「株価」と
いう語句を使って簡単に書きなさい。

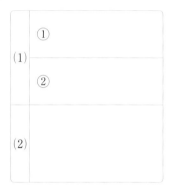

▲新聞に掲載されている株式市況欄

ヒント　**1**　(2)ア～ウは生産活動の三つの生産要素なので，X～Zの絵がどれにあてはまるか，考えましょう。

　　　　(3)このことは，コンピューターの技術などの研究を通じて起こりました。

2　企業と労働②

TPP11署名式

（　）にあてはまる語句を答えよう。

ノートを活用して，くり返し書いて覚えよう。

1　市場の競争と独占

◉資本主義経済

・（　①　）経済…**資本**を元手に生産要素を用意し，財・サービスを生産，販売して利潤を生みだす経済のしくみ。

◉起業とベンチャー企業

・（　②　）…独自のアイデアや新技術を利用し，企業を起こすこと。

・（　③　）企業…独自技術を利用して起業し，急成長する企業も。一方で倒産の割合が高い。→投資や人材育成での支援が必要。

◉独占価格と公共料金

・市場で商品の供給が一つの企業だけである（　④　）や，少数の企業だけである（　⑤　）の状態であると，競争が起こりにくく，一つまたは少数の企業が決めた**独占（寡占）価格**になってしまう。→消費者が高い価格で商品を購入しなければならなくなるので，自由な競争をうながす（　⑥　）**法**に基づき，国の組織である（　⑦　）が監視などを行っている。

・（　⑧　）…国・地方公共団体が決定・認可した価格。国民生活に影響がある電気やガス，水道など。

①
②
③
④
⑤
⑥
⑦
⑧

2　グローバル化と企業

◉進む企業競争

・外国との**貿易**が活発になっている。→企業は激しい国際競争の中，利益を出さなければならない。

◉大企業と中小企業

・（　⑨　）と（　⑩　）…資本金や従業員数により分類される。

　→（　⑩　）は日本の企業数の99％以上，従業員数の約70％，付加価値額の約55％・売上高の約43％をしめる（2018年）。

◉自由貿易

・（　⑪　）貿易…関税など，貿易のさまたげとなるものをなるべく取り除いた貿易。→日本はTPP11協定を締結。

⑨
⑩
⑪

詳しく解説!　自由貿易と保護貿易

自由貿易と対立する考え方として，保護貿易がある。保護貿易では，自国の産業を守るために関税を上げ，他国の商品の輸入を制限する。

世界に進出する中小企業もあるよ。

解答▶▶ p.15

❶ 次の問いに答えなさい。

市場経済では，商品を買おうとする量や売ろうとする量の変動で_a市場価格が決定する。しかし，ある市場で生産が一つの企業だけである独占の状態や，少数の企業だけである（ ① ）の状態のとき，消費者が_b不利益をこうむることがあるため，国の組織である（ ② ）が監視などを行っている。

(1)　①・②にあてはまる語句を書きなさい。

(2)　下線部aに関して，市場価格に対して国や地方公共団体が決定，認可した料金を何といいますか。また，この料金にあてはまらないものを，**ア**〜**ウ**から選びなさい。

　　ア　郵便料金　　**イ**　米の価格　　**ウ**　バス運賃

(3)　下線部bに関して，市場が独占の状態などのとき，消費者はどのような不利益をこうむることが多いですか。簡単に書きなさい。

(1)	①
	②
(2)	語句
	記号
(3)	

❷ 次の問いに答えなさい。

(1)　次の①，②があてはまるのは，大企業と中小企業のどちらですか。

　　①　日本の企業数全体の99％以上を占めている。

　　②　日本の企業の従業員数全体の約3割を占めている。

(2)　次の文は，自由貿易と保護貿易のどちらの考え方ですか。

　　・相手国とおたがいに関税をかけずに貿易を行う。

(1)	①
	②
(2)	

書きトレ! 資料からイスラエルやアメリカと比べたときの，ベンチャー企業に投資する日本の会社の投資規模の特徴を，簡単に書きなさい。

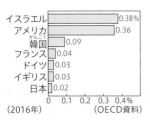

◀ベンチャー企業に投資する会社の投資規模（GDPに対する割合）

（2016年）　　　（OECD資料）

ヒント　❶ ⑵市場経済にまかせた方が良いものは公共料金になりません。
　　　　❷ ⑵保護貿易は，安い外国産の商品から自国の産業を守るときに行います。

消費者物価指数の推移

※2010年が基準年
（2010年＝100）

1970　80　90　2000　10 17年
（総務省資料）

（　　）にあてはまる語句を答えよう。

ノートを活用して，くり返し書いて覚えよう。

1 景気の変動

◉景気とは

・（　①　）…経済全体の状態のこと。

・（　②　）…（　③　）（**好況**）と（　④　）（**不況**）

がくり返すこと。→需要と供給の関係

に応じ，変化。

・（　③　）（好況）…企業の生産の増加，

家計の収入・消費の増加の状態のこと。

需要＞供給であると商品の価格が高く

ても売れる。→（　⑤　）が上昇し続ける（　⑥　）が発生。

・（　④　）（不況）…企業の生産の減少，家計の収入・消費の減

少の状態のこと。需要＜供給であると商品の価格が低くても

売れない。→（　⑤　）が下落し続ける（　⑦　）が発生。

家計の所得増　（③）
企業の利益増　後退
企業の生産増
家計の消費増

家計の消費減
企業の生産減　回復
企業の利益減
家計の所得減
（④）

▲（②）

| 詳しく解説！ | **物価** |

さまざまな商品の価格をまとめ，平均したものである。家計の消費
者が購入する商品の物価を特に消費者物価という。

| ① |
| ② |
| ③ |
| ④ |
| ⑤ |
| ⑥ |
| ⑦ |

2 働く意味と労働者の権利

◉働く目的とは

・企業などで働く労働者は，労働のかわりに（　⑧　）を得る。→

他に夢などをかなえることや，社会参加などが労働の目的。

◉労働者の権利

・（　⑨　）…使用者（経営者）に対して弱い立場にある労働者が，

労働条件の改善などを求めるために結成する組合。

・労働三法…労働者の権利を保障する三つの法律。労働の最低

基準を規定する（　⑩　），労働組合などについて規定する**労働**

組合法，労働争議（ストライキなど）の解決・予防のための（　⑪　）。

・働いている企業との間で問題が起きたときには，**労働基準監**

督署に申告することで改善を図る。

◉労働基準法の内容

・1日8時間以内，1週間で40時間以内の労働。毎週最低1日の休日。

15歳未満の児童の使用禁止。18歳未満は午後10時から午前5時まで労働禁止。

| ⑧ |
| ⑨ |
| ⑩ |
| ⑪ |

労働組合の組織率は
年々下がっているよ。

解答 ▶▶ p.16

① 次の問いに答えなさい。

(1) 景気変動に関する右の資料のA・Bに
あてはまる語句を，ア・イからそれぞ
れ選びなさい。

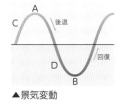
▲景気変動

　ア　不景気（不況）
　イ　好景気（好況）

(2) 次の①・②の図のような状態であるのは，右上の資料の
C・Dのどちらですか。C・Dからそれぞれ選びなさい。

(3) 日本の経済に関するア〜エを古い順に並べ替えなさい。

　ア　石油危機が発生する。
　イ　平成不況が始まる。
　ウ　高度経済成長が始まる。
　エ　バブル経済が始まる。

(1)	A
	B
(2)	①
	②
(3)	→　　→　　→

② 次の問いに答えなさい。

(1) 労働三法のうち労働基準法の内容としてあてはまるもの
を，ア〜ウから選びなさい。

　ア　労働争議の解決・予防のための内容を定めている。
　イ　労働組合などについて定めている。
　ウ　労働時間や休日などについて定めている。

| (1) | |

書きトレ！ 資料からわかる，1990年代以前と比べたときの，1990年代以降の消費者物価指数の
推移の特徴を，簡単に書きなさい。

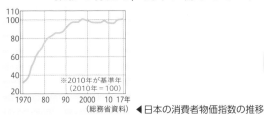
▲日本の消費者物価指数の推移

ヒント　① (3)ウ・エは日本の好景気（好況），ア・イは不景気（不況）に関係するものです。

　② (1)ア〜ウは，労働基準法，労働組合法，労働関係調整法のいずれかの内容です。

2　企業と労働④

外国人労働者の届け出数の推移

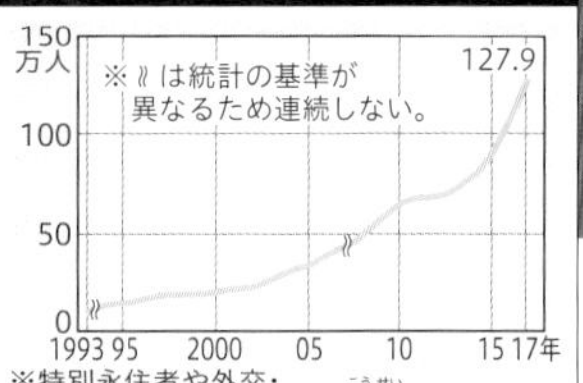

※特別永住者や外交・公用目的はふくまない。（厚生労働省資料）

(　　)にあてはまる語句を答えよう。
ノートを活用して，くり返し書いて覚えよう。

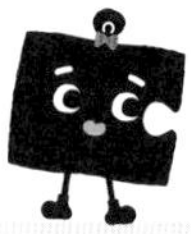

1 変化する労働環境

多様化する働き方

・かつて**終身雇用**と(①)賃金が一般的。→近年は転職や，賃金に能力主義や(②)主義を導入する企業が増加。

・(③)**労働者**…グローバル化が進み100万人以上に増加。

・(④)**労働者**…パートや派遣労働者など。正規労働者よりも賃金が低く雇用が不安定。日本の労働者の約4割。→賃金格差をなくすため同一労働同一賃金の実現や正規雇用をめざした職業訓練の実施などが必要。

正規労働者（正社員）		期間が定められていない契約の労働者
(④)労働者	パート・(⑤)	1週間の所定労働時間が35時間未満の労働者
	契約労働者（契約社員）	短期間の労働契約の労働者
	(⑥)労働者（(⑥)社員）	人材派遣会社と契約を結び，他の企業に派遣される労働者

▲さまざまな雇用形態

①
②
③
④
⑤
⑥

2 働く環境を支える

女性の雇用環境

・企業が雇用する女性の数は増えている。→働く意欲や能力の高い女性が増えたこと，世帯収入を増やすために**共働き**が増えたことなどによる。

・企業は，女性が働きやすく，仕事を続けやすい環境をつくる責任。職場で(⑦)(性的な嫌がらせ)があってはならない。

高齢者と雇用

・定年後も会社で働く(⑧)が増加。→人口減少の日本では，女性とならんで(⑧)も重要な労働力。

生活を守るために

・**不景気**などで企業が倒産し，職を失う（(⑨)）こともある。

・政府は(⑨)した人たちの生活を保障したり，仕事を紹介したりして支える。→(⑩)**(安全網)** の整備が必要。

詳しく解説!　ワーク・ライフ・バランス
仕事と，家庭や地域社会での生活を両立させること。

⑦
⑧
⑨
⑩

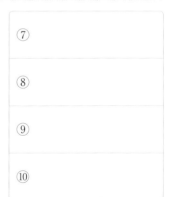

いろいろな人が安心して働ける環境づくりが望まれているよ。

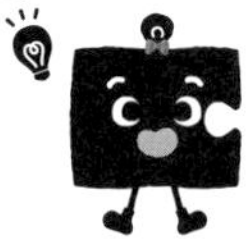

解答▶▶ p.16

① 次の問いに答えなさい。

日本では，かつて（　①　）雇用や年功序列賃金などが一般的であったものの，近年，変化が見られる。また，<u>パートや派遣労働者などの</u>（　②　）労働者の増加や長時間労働，その他の労働に関する問題が起こっている。

(1) ①・②にあてはまる語句を書きなさい。

(2) 下線部に関する右の資料を読み取り，次の**X・Y**について，正しいものには○を，間違っているものには×を付けましょう。

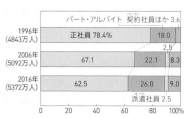

◀雇用形態別労働者の割合の推移

X 2016年の正社員の人数の割合は，派遣社員の30倍以上である。

Y 2016年のパート・アルバイトの人数の割合は，1996年のおよそ2倍である。

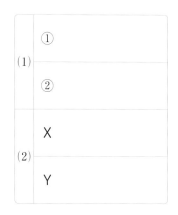

(1)	①
	②
(2)	X
	Y

② 次の問いに答えなさい。

(1) 企業が行う女性が働きやすい環境づくりにあてはまるものを，**ア**〜**ウ**から選びなさい。

ア 新卒の採用人数を減らす。

イ 全国に営業所や工場を増やす。

ウ 仕事内容や賃金の男女格差をなくす。

(2) ワーク・ライフ・バランスに関する次の文の（　　　）にあてはまる内容を「両立」という語句を使って簡単に書きなさい。

・（　　　　　　）させることであり，実際には労働時間の短縮などが必要である。

| (1) | |
| (2) | |

書きトレ! 資料から男性と比べたときの，女性の雇用形態の問題点を，「正社員」と「非正規労働者」という語句を使って簡単に書きなさい。

▲日本の男性と女性の労働者の雇用形態別の割合

❶ 次の問いに答えなさい。　　30点

(1) 株式会社についての次の文のA・Bにあてはまる語句をそれぞれ書きなさい。

　　・私企業・公企業のうち（　A　）で，株主が参加する（　B　）で経営方針の決定や役員の選任などが行われる。

(2) 右の**資料Ⅰ**のX〜Zは，日本企業の中での中小企業の企業数・従業員数・売上高のいずれかの割合である。X〜Zにあてはまる語句をそれぞれ書きなさい。[技]

(3) ベンチャー企業とは，一般にどのような企業ですか。正しいものを，ア〜エから選びなさい。[思]

　　ア　独自技術で事業展開する中小企業。　　イ　100年以上続く中小企業。

　　ウ　独自技術で事業展開する大企業。　　エ　100年以上続く大企業。

X (2013年)	中小企業 43.4%
Y (2014年)	70.1
Z (2014年)	99.7

（「中小企業白書」2018年版）

資料Ⅰ　日本企業の中での中小企業の割合

❷ 次の文を読んで，問いに答えなさい。　　40点

　　一つの企業が市場を_a独占し競争のない状態になると，消費者に不利益がもたらされるおそれがある。そこで，国は独占禁止法を制定し（　　　）が運用にあたっている。また，グローバル化した世界では_b貿易が活発になり，企業も海外市場を見すえた動きが求められる。そして，_c景気の変動は企業の業績に大きな影響をおよぼす。

(1) （　　　）にあてはまる委員会の名称を書きなさい。

(2) 下線部aについて，次の問いに答えなさい。

　　① 市場に少数の企業しかない状態を，独占に対して何といいますか。

　　② [記述] 電気・水道・ガスなどは各地域で独占状態であることがほとんどですが，これらの料金を国などが認可，決定する公共料金にしている理由を，「変動」と「国民」という語句を使って簡単に書きなさい。[思]

(3) 下線部bについて，次の問いに答えなさい。

　　① 自国の産業を守るため，輸入品に積極的に関税をかける貿易を何貿易といいますか。

　　② 日本は自由貿易を進めるため，2018年に（　　　）11協定を締結しました。（　　　）にあてはまる語句をアルファベットで書きなさい。

(4) 下線部cについて，次の問いに答えなさい。

　　① 好景気のときに，物価が上昇し続けることを何といいますか。カタカナで書きなさい。

　　② 不景気のときにあてはまるものを，ア〜エから選びなさい。

　　　ア　家計の所得が増える。　　イ　企業の生産活動が活発になる。

　　　ウ　企業の倒産が増える。　　エ　新たな雇用が増える。

❸ 次の問いに答えなさい。 30点

(1) 労働時間に関する右の**資料Ⅰ**のア～エは日本・アメリカ・ドイツ・フランスのいずれかです。日本にあたるものを，ア～エから選びなさい。 技

(2) この20年ほど，日本で数が大幅（おおはば）に増加する傾向にある労働者としてあてはまらないものを，ア～ウから選びなさい。 思

　　ア　正規労働者　　イ　外国人労働者　　ウ　派遣（はけん）労働者

(3) 右の**資料Ⅱ**の内容の，労働者のための法律の名称（めいしょう）を書きなさい。また，**資料Ⅱ**の内容の法律と同じ労働三法にふくまれる法律としてあてはまるものを，ア～ウから選びなさい。

　　ア　男女雇（こ）用機会均等法　　イ　労働関係調整法　　ウ　最低賃金法

(4) 記述 失業した場合のセーフティネットとして，政府はどのようなことを行っていますか。「生活」と「職場」という語句を使って簡単に書きなさい。 思

資料Ⅰ　主な国の年間労働時間の推移

（「経済協力開発機構資料」）

・労働者と使用者の関係は対等である。
・週に最低１日の休日をあたえられる。

資料Ⅱ　ある法律の内容

第4章

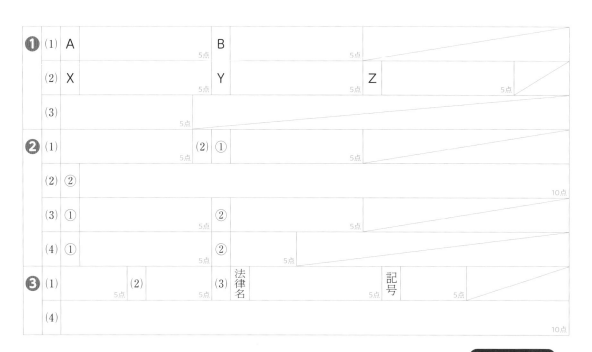

❶	(1)	A 5点	B 5点					
	(2)	X 5点	Y 5点	Z 5点				
	(3)	5点						
❷	(1)	5点	(2)①5点					
	(2)②	10点						
	(3)①5点	②5点						
	(4)①5点	②5点						
❸	(1)5点	(2)5点	(3)法律名 5点	記号 5点				
	(4)	10点						

解答▶▶ p.16　75

3　金融のしくみと働き①

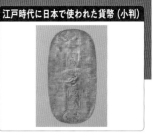

（　　　）にあてはまる語句を答えよう。

ノートを活用して，くり返し書いて覚えよう。

1　お金の役割と金融

◆お金の役割

・（ ① ）・**通貨**…紙幣や硬貨のこと。→財・サービスとの交換，
円などの単位で財・サービスの価値の表示，保管などの役割。

◆金融とは

・（ ② ）…お金を融通する方法。個人や企業など消費や生産の
ためにお金を借りたい側と，銀行など貸したい側の間で成立。

◆金融の方法と働き

・（ ③ ）…企業が社債などを発行して貸し手から借り入れする方法。

> 詳しく解説！　**債券**
>
> お金を貸したことを証明するもので，企業は社債，国は国債，地方
> 公共団体は地方債を発行する。これら債券は，売買することができる。

・（ ④ ）…金融機関が企業と貸し手の間に入り，企業が金融機関にお金を融通してもらう方法。

①
②
③
④

2　金融機関の役割

◆金融機関の種類

・都市銀行・地方銀行などの普通銀行のほか，信用金庫，保険
会社，証券会社などがある。

◆銀行のしくみと働き／預金通貨

・（ ⑤ ）…（ ④ ）を行う代表的な
機関。人々の貯蓄を**預金**として
集め，家計や企業（借り手）に
貸す。振りこみなどの（ ⑥ ）を
使った送金の仲立ちを行う。

→借り手は返済時に元金のほか
に（ ⑦ ）(利息)を支払う（元
金に対する（ ⑦ ）(利息) の比率は**金利**）。

→銀行は貸し手（預金者など）に（ ⑦ ）(利息) を支払う。

中央銀行	日本銀行		
民間金融機関	預金取扱金融機関	普通銀行(都市銀行,地方銀行など)
		信託銀行
		信用金庫,信用組合,労働金庫,農業協同組合,漁業協同組合など
	その他の金融機関	生命保険会社,損害保険会社消費者金融機関証券会社など
公　的金融機関	日本政策投資銀行,日本政策金融公庫,国際協力銀行など		

▲さまざまな金融機関

⑤
⑥
⑦
⑧

・**現金通貨**…紙幣など支払いに使う通貨。近年はクレジット
カードなど現金を使わないキャッシュレス決済が増加。

・（ ⑧ ）…銀行の預金などの通貨。日本に流通する通貨の約9
割。

> 現金を使わないキャッ
> シュレス化は世界的に
> 進んでいるよ。

解答▶▶ p.17

① 次の問いに答えなさい。

(1) 貨幣の役割としてあてはまらないものを，**ア〜ウ**から選び
なさい。

　　ア　財・サービスの質を良くする手段となる。

　　イ　財・サービスの価値を表す。

　　ウ　財・サービスと交換する手段となる。

(2) 企業が発行する社債や国が発行する国債など，お金を貸したことを証明するものをまとめ
て何といいますか。

(1)	
(2)	

② 次の問いに答えなさい。

　代表的な _a金融機関として銀行がある。_b銀行の仕事には，
人々の貯蓄を（　①　）として集めて企業などに貸すことなどが
ある。銀行からお金を借りた人は，返済時に元金のほか，
（　②　）を支払わなければならない。

(1) ①・②にあてはまる語句を書きなさい。

(2) 下線部 **a** について，金融機関のうち，株式売買の仲立ちを
して，その手数料で利益を上げている会社は何ですか。

(3) 下線部 **b** の一つに関する右の
資料についての次の文中の
（　　　）にあてはまる語句を
書きなさい。

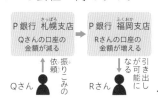

◀銀行のある仕事に関係すること

・この資料は，銀行の仕事のうち（　　　）を使った送金の
仲立ちを行うことに関係している。

(1)	①	
	②	
(2)		
(3)		

書きトレ！ 資料Ⅰの直接金融と比べたときの，資料Ⅱの間接金融の特徴を，貸し手（預金者）
と借り手の関係に着目し，「融通」という語句を使って簡単に書きなさい。

▲直接金融の仕組み

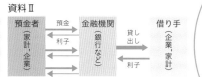

▲間接金融の仕組み

ヒント　② (2)金融機関には，銀行のほかに信用金庫，生命保険会社，証券会社などがあります。

日本銀行
日本銀行金融研究所貨幣博物館所蔵

（　）にあてはまる語句を答えよう。
ノートを活用して，くり返し書いて覚えよう。

1 日本銀行

◆日本銀行とは

・国や地域には，それぞれの**管理通貨制度**で中心的な役割をはたす（　①　）がある。→日本では日本銀行があてはまる。

・日本銀行の三つの役割→紙幣（日本銀行券）を発行する（　②　），政府の預金を出し入れする（　③　）の銀行，一般の銀行にお金の貸し出しをしたり，預金の受け入れをしたり，銀行どうしの支払いを助ける（　④　）の銀行。

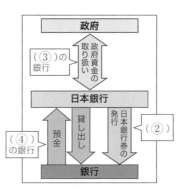

| ① |
| ② |
| ③ |
| ④ |

管理通貨制度とは，国の信用で通貨を発行し，管理するしくみだよ。

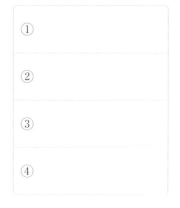

詳しく解説！ 「日本銀行券」

日本銀行が発行している日本銀行券は１万円券，５千円券，２千円券，１千円券の４種類がある。なお，100円玉，50円玉，10円玉などの硬貨の製造・発行は，日銀ではなく政府が造幣局を通じて行っている。

2 金融政策

◆日本銀行の行う金融政策

・（　⑤　）…日本銀行が景気を安定させるために行う政策。主な方法が（　⑥　）（オペレーション）。

　→（　⑦　）のとき…一般の銀行から公債などを買い取り，お金を支払う。一般の銀行は貸し出せるお金を増加させようと金利を（　⑧　），企業は積極的にお金を借りて生産を拡大させて景気回復へ。

　→（　⑨　）のとき…一般の銀行に公債などを売り，一般の銀行が貸し出せるお金を（　⑩　）させる。企業はお金を借りにくくなり，景気のいきすぎをおさえる。

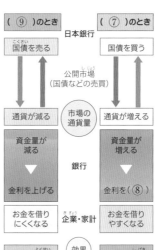

| ⑤ |
| ⑥ |
| ⑦ |
| ⑧ |
| ⑨ |
| ⑩ |

解答▶▶ p.17

1 次の問いに答えなさい。

(1) 日本銀行のように，経済全体を判断して流通する通貨量を調整し管理する責任を負っている銀行を何といいますか。

(2) 日本銀行の3つの働きである①発券銀行，②政府の銀行，③銀行の銀行にあてはまるものを，**ア**～**ウ**からそれぞれ選びなさい。

　　ア　政府の預金の出し入れをする。

　　イ　紙幣（日本銀行券）を発行する。

　　ウ　一般の銀行とお金の貸し出しや預金の受け入れを行う。

(1)	
(2)	①
	②
	③

2 次の問いに答えなさい。

　日本銀行が通貨量を調整して，景気や物価の安定をはかるために行う政策を（　①　）といい，主な手段は（　②　）操作である。（　②　）操作の内容は，<u>好景気と不景気の場合で異なる</u>。

(1) ①・②にあてはまる語句を書きなさい。

(2) 下線部のときの日本銀行の①の流れを示した下の a～d にあてはまるものを，**ア**～**エ**から選びなさい。

　　銀行に国債を売る→（　a　）→（　b　）→（　c　）→（　d　）→景気のいきすぎをおさえる

　　ア　企業がお金を借りにくくなる

　　イ　銀行は貸し出しの金利を上げる

　　ウ　銀行の資金量が減る　　　**エ**　市場の通貨量が減る

(1)	①
	②
(2)	a
	b
	c
	d

第4章

書きトレ！ 図中の**X**の時期に日本銀行がとる政策を，「国債」と「市場」という語句を使って簡単に書きなさい。

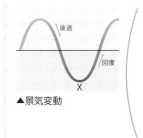

▲景気変動

ヒント 2 (1)②市場の通貨量を調節します。

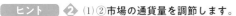

タイにある日本の自動車メーカー

（　）にあてはまる語句を答えよう。

ノートを活用して，くり返し書いて覚えよう。

1 グローバル経済と為替相場

◉すすむグローバル化と貿易への影響

- （ ① ）…国と国との間で行われる商品のやり取り（輸出入）。
  各国などが得意な商品の生産に集中し，貿易する国際（ ② ）
  により，豊かな生活につながる。

- 日本の貿易の特徴…第二次世界大戦後の長い間，原材料を輸
  入し，それを製品にして輸出する（ ③ ）貿易が中心で，輸出
  額が輸入額を上回る貿易（ ④ ）であった。→近年は経済のグ
  ローバル化により日本の企業が工場を海外に移転すること
  が増加し，国内産業が衰退する**産業の**（ ⑤ ）が進行した。

  > **詳しく解説！ 貿易の自由化**
  > 国と国との間で関税のように貿易をさまたげるものをなくし，貿易
  > をすること。自国の商品を輸出しやすくなるが，輸入も増加する。

◉（外国）為替相場

- （外国）（ ⑥ ）（為替レート）…円とドルなど通貨と通貨を交
  換する比率のこと。通常，１ドル＝100円のように，外国通
  貨の１単位が（日本）円のいくらかという形式で示される。

- （ ⑦ ）…１ドル＝100円が１ドル
  ＝90円になるように，円の価値が
  外国通貨に対して高くなること。
  日本にとって輸出には（ ⑧ ），輸
  入には（ ⑨ ）になる。

円を買う動きが強まる
円を売る動きが強まる
▲（ ⑦ ）・（ ⑩ ）の仕組み

- （ ⑩ ）…１ドル＝100円が１ドル＝110円になるように，円の
  価値が外国通貨に対して安くなること。日本にとって輸出に
  は（ ⑨ ），輸入には（ ⑧ ）になる。

◉グローバル化の金融への影響

- 多くの国に支店や工場などを持つ（ ⑪ ）企業の成長により，
  世界的な貿易や投資が活発に。

  →1980年代以降，国際的な金融が活発になり，規模が拡大。

  →1997年のアジア通貨危機や2008年の世界（ ⑫ ）を経験し，
  各国では金融への規制強化の動きも。

| ① |
| ② |
| ③ |
| ④ |
| ⑤ |
| ⑥ |
| ⑦ |
| ⑧ |
| ⑨ |
| ⑩ |
| ⑪ |
| ⑫ |

円高で自国の輸出
は不利，輸入は有
利になることをお
ぼえておこう。

解答▶▶ p.18

① 次の問いに答えなさい。

　第二次世界大戦後の長い間，日本は（　①　）貿易を行ってきた。1980年代には a 円高のもとさかんに輸出を行い，このころから自動車などの b 海外生産も増加していったものの，国内では産業の空洞（くうどう）化などが問題となった。また，1980年代以降，国際的な金融が活発になったものの，1997年のアジア通貨危機や2008年の世界（　②　）を経験し，規制強化の動きがある。

(1) ①・②にあてはまる語句を書きなさい。

(2) 下線部 a に関して，右の資料のように1ドル＝100円の時にアメリカに12000ドルで輸出していた自動車は，1ドル＝80円になった場合，いくらになりますか。資料のAにあてはまる数字を，ア～ウから選びなさい。

▼円高と自動車の輸出

　ア　10000　　イ　15000　　ウ　20000

(3) 下線部 b に関して，右の資料に関する次のX・Yについて，正しいものには○を，間違（まちが）っているものには×を付けましょう。

　X　1997年，2017年それぞれでアジアに進出した日本企業数が最も多い。

　Y　1997年から2017年にかけてヨーロッパに進出した日本企業数は減少している。

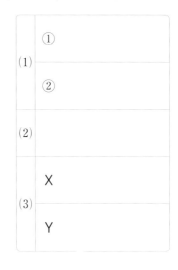

▲地域別の海外進出した日本企業数の推移

(1)	①
	②
(2)	
(3)	X
	Y

第4章

書きトレ!　資料からわかる，2000年代以降の日本の自動車メーカーの生産台数に起こった変化を，簡単に書きなさい。

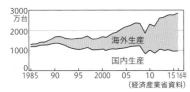

◀日本の自動車メーカーの生産台数の推移

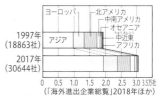

ヒント　① (2) 1ドル＝100円のときの12000ドルを日本円にするには，100円をかけます。その数字を80円で割ると1ドル＝80円のときのドルでの金額が求められます。

4　財政と私たちの福祉①

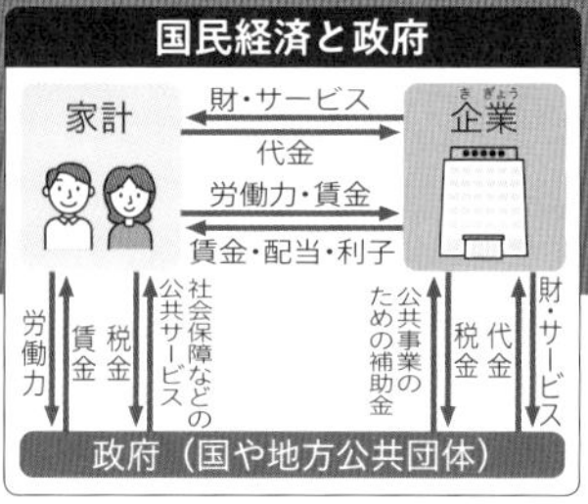

（　　）にあてはまる語句を答えよう。
ノートを活用して，くり返し書いて覚えよう。

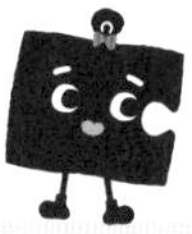

1 政府の行う経済活動

財政とは

・（①）…政府（国・地方公共団体）の経済活動。税金（租税）などを収入とし，社会保険などを支出する。
・（②）…1年間の収入（歳入）と支出（歳出）の見積もり。

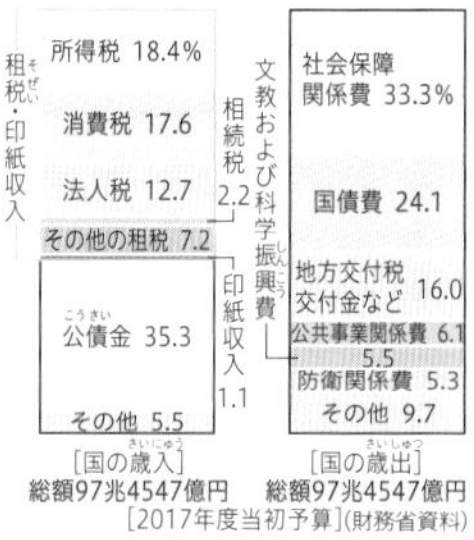

▲国の一般会計（②）

財政の役割

・道路などの（③）や，教育などの（④）の提供。人々の生活を守る社会保障や税金などによる経済格差の是正。景気の安定化。消費者・労働者の保護，環境保全など市場経済での公正さの確保。

財政政策／公債の発行

・（⑤）…（①）により景気の安定化を図る政策。不景気のときは**公共投資**の増加と減税。好景気のときはその逆。
・（⑥）…収入が不足のときに発行。国は**国債**，地方公共団体は**地方債**。→発行しすぎると将来の世代に負担。

詳しく解説！ 公債の発行
公債には，購入した人への元金の返済と利子の支払いがあるため，発行しすぎると支出（歳出）で他のことに使うお金が減少してしまう。

①
②
③
④
⑤
⑥

日本は，国内総生産にしめる公的債務残高が高い国だよ。

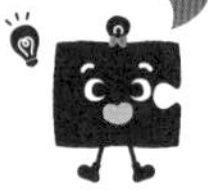

財政の課題

・先進国で財政赤字と多くの公的債務残高。→政府の役割の選択。

2 私たちの生活と税金

税金の種類

・国に納める（⑦）と地方公共団体に納める**地方税**がある。
・（⑧）…納税者と担税者が同じ税金。所得税や法人税など。
→所得が高い人ほど税率が高くなる（⑨）を一部で採用。
・（⑩）…納税者と担税者が異なる税金。**消費税**や酒税など。
→全員が同じ税率で，所得が低い人ほど所得にしめる税金の割合が高い。→逆進性。
→（⑧）と（⑩）を組み合わせることで税金の公平性を実現。

⑦
⑧
⑨
⑩

解答▶▶ p.18

第4章　私たちの暮らしと経済

4　財政と私たちの福祉①

❶ 次の問いに答えなさい。

(1) 政府が提供する道路や公園などを何といいますか。

(2) 日本の財政（歳出・税収など）に関する右の資料を読み取り，次のX・Yについて，正しいものには○を，間違っているものには×を付けましょう。

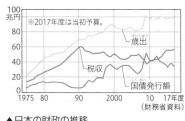
▲日本の財政の推移

　X　歳出は2000年度以降，削減され続けている。

　Y　国債発行額は2010年度手前で税収を上回るものの，その後，減少する傾向にある。

(3) 歳出に関して，少子高齢化が進んだことで，歳出に占める割合が高くなっている項目としてあてはまるものを，ア〜ウから選びなさい。

　ア　国債費　　イ　社会保障関係費　　ウ　地方交付税交付金など

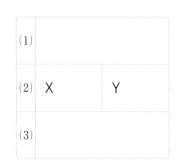

(1)		
(2)	X	Y
(3)		

❷ 次の問いに答えなさい。

　税金のうち国に納めるものを国税，地方公共団体に納めるものを（　　　）という。

(1) （　　　）にあてはまる語句を書きなさい。

(2) 下線部のうち間接税はどのような税金ですか。「納税者」と「負担者」という語句を使って簡単に書きなさい。また，間接税にあてはまるものを，ア〜ウから選びなさい。

　ア　消費税　　イ　法人税　　ウ　所得税

(1)	
(2)	説明
	記号

第4章

書きトレ！ 資料からわかる，国税の一つである所得税の特徴を，「税率」という語句を使って簡単に書きなさい。

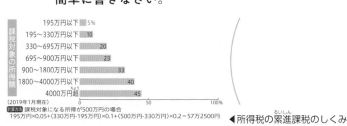
◀所得税の累進課税のしくみ

ヒント ❶ (3)この項目には，年金や医療費などが含まれます。
　　　　❷ (2)ア〜ウのうち残る二つは，直接税です。

4　財政と私たちの福祉②

日本の主な介護サービスの例

・居宅サービス
訪問看護, 訪問介護, デイサービスなど。
・施設サービス
介護福祉施設サービスなど。

（　　）にあてはまる語句を答えよう。

ノートを活用して, くり返し書いて覚えよう。

1　社会保障とは

◆社会保障のはじまり

・（　①　）制度…病気などで生活できないとき, 国が生活を保障する制度。→19世紀まで病気・貧困は自分の責任とされていたが, 20世紀に変化（最初に制度が確立したのはイギリス）。

◆日本の社会保障の四つの柱

・日本の（　①　）制度は, 日本国憲法第（　②　）条に基づき, 次の四つの柱がある。

種類	仕事の内容
（③）	医療保険　介護保険 年金保険　雇用保険　労災保険
（④）	生活保護 ●生活扶助　●住宅扶助 ●教育扶助　●医療扶助など
（⑤）	高齢者福祉　児童福祉 障がい者福祉 母子・父子・寡婦福祉
（⑥）	感染症対策　上下水道整備 廃棄物処理　公害対策など

▲日本の（　①　）

→（　③　）…病気などで働けないときなどのためのもの。人々が保険料を負担し, 病気の人や高齢者などに給付。医療保険など。

→（　④　）…最低限の生活ができない人に生活保護法により生活費などを給付。

→（　⑤　）…高齢者や障がい者など弱い立場の人を支援。

→（　⑥　）…感染症の予防など健康で安全な生活を維持。

①

②

③

④

⑤

⑥

2　少子高齢化と財政

◆少子高齢化の社会保障への影響

・少子高齢化により, 現役世代一人あたりの年金などの保険料や, 税金負担が増加。→対策として40歳以上に加入を義務付ける（　⑦　）制度と75歳以上が対象の（　⑧　）医療制度の導入。

詳しく解説!　介護保険制度

40歳以上に加入を義務付け, 高齢などで介護が必要になったとき, 居宅サービスなどの介護サービスを受けることができる。

◆社会保険の課題／福祉社会の実現に向けて

・少子高齢化の中で社会保険の継続のため, 保険料・税負担を増加させるか, 支払いを削減するか選択の必要。

・高福祉（　⑨　）…社会保障の充実の代わりに重い国民負担。

・低福祉低負担…社会保障の抑制の代わりに軽い国民負担。

⑦

⑧

⑨

高福祉高負担の国にスウェーデンなど北ヨーロッパの国があるよ。

解答▶▶ p.19

1 次の問いに答えなさい。

　社会保障制度は，20世紀に（　①　）で最初に確立した。また，a日本の社会保障制度は，社会保険，b公的扶助，（　②　），公衆衛生が四つの柱である。

(1) ①・②にあてはまる語句を書きなさい。

(2) 下線部aは日本国憲法の第何条をもとにしていますか。

(3) 下線部bの説明にあてはまるものを，ア～ウから選びなさい。

　ア　最低限の生活ができない人に生活保護法により生活費などを給付するものである。

　イ　感染症の予防など健康で安全な生活を維持するためのものである。

　ウ　高齢者や障がい者など弱い立場の人を支援するものである。

(1)	①	
	②	
(2)	第	条
(3)		

2 次の問いに答えなさい。

(1) 日本の社会保障の給付に関する右の資料を読み取り，次の文について，正しければ○を，間違っていれば×を付けましょう。

　・年金の給付費は増加する傾向にあり，2016年度は社会保障給付費の4割以上をしめた。

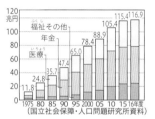
▲日本の社会保障給付費の推移

(1)	

第4章

書きトレ！　資料からわかる，アメリカと比べたときのフランスの国民負担の特徴を，「社会保障負担」と「税負担」という語句を使って簡単に書きなさい。

国民負担率

26.6%	40.5	フランス
5.1	51.8	スウェーデン
22.1	31.1	ドイツ
10.4	36.1	イギリス
17.2	25.4	日　本
8.3	25.0	アメリカ

社会保障負担の比率
租税負担の比率
80% 60 40 20 0
（2015年）

NIにしめる社会保障支出の割合

フランス	45.5
スウェーデン	41.4
ドイツ	36.5
イギリス	30.9
日　本	30.3
アメリカ	23.8

0 20 40 60%
（厚生労働省資料）

（注）国民所得（NI）は国民が一定期間に得る所得の総額，国民負担率は国民所得にしめる国民の税・社会保障費の負担の割合

◀主な国の国民負担率と国民所得にしめる社会保障支出の割合

ヒント　1　(2)この条文には，生存権などについての規定があります。

(3)ア～ウのうち残る二つは，（　②　）と公衆衛生についての説明です。

ぴたトレ 1 要点チェック

4　財政と私たちの福祉③

日本の自動車メーカーが開発した電気自動車

(　　)にあてはまる語句を答えよう。

ノートを活用して，くり返し書いて覚えよう。

1 公害の防止と環境の保全

公害とは／公害を防ぐ

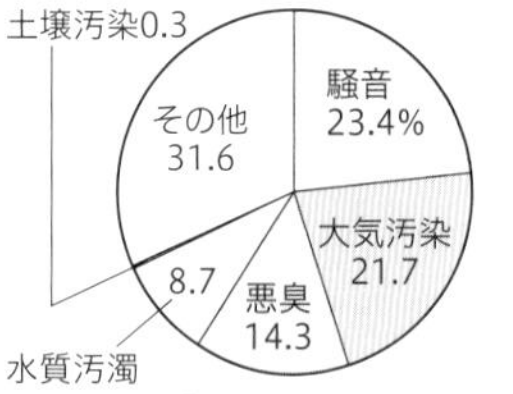

土壌汚染0.3
騒音 23.4%
大気汚染 21.7
悪臭 14.3
8.7
その他 31.6
水質汚濁

(2018年)（「日本国勢図会 2020/21」）

・(①)…住民の健康などを損なうもの。大気汚染(おせん)や水質汚濁(おだく)，騒音(そうおん)など。→高度経済成長の時期に水俣(みなまた)病（熊本県など），新潟水俣病，イタイイタイ病（富山県），四日市(よっかいち)ぜんそく（三重県）の四大公害病などが大きな問題に。

・各地での(②)**運動**や公害裁判。→国は1967年に(③)法を制定し，1971年に環境(かんきょう)庁を設置（現在は環境省)。

広がる公害と地球環境問題への対策

・(④)**法**…(③)法を発展させ，1993年に公布・施行。→ダイオキシンの土壌(どじょう)汚染など新しい(①)に対応。また，(①)だけでなく，地球規模の環境問題（**地球温暖化**の原因とされる(⑤)の排出量削減(はいしゅつりょうさくげん)や生態系の保全，リサイクルなど）への取り組みにも力を入れる。

・地球環境問題…企業(きぎょう)や地方自治体の協力も欠かせない。→企業は石油や石炭などの(⑥)燃料から太陽光や風力エネルギーなど(⑦)**エネルギー**への転換を技術革新(かくしん)により進める。地方自治体は，ごみの(⑧)回収で環境への負担をやわらげ，住民に環境問題の大切さをわかりやすく伝える取り組みを行う。

> **詳しく解説!　都市鉱山**
> ゴミとして大量に都市部で捨てられるIT機器や家電製品に含まれる貴重な金属資源を，鉱山に見立てて再活用する試み。

循環型社会に向けて

・(⑨)**型社会**の実現…ごみを減らす**リデュース**，何度も使う**リユース**，ごみを再資源化する(⑩)の３Ｒや，環境などに配慮(はいりょ)したエシカル消費の推進。

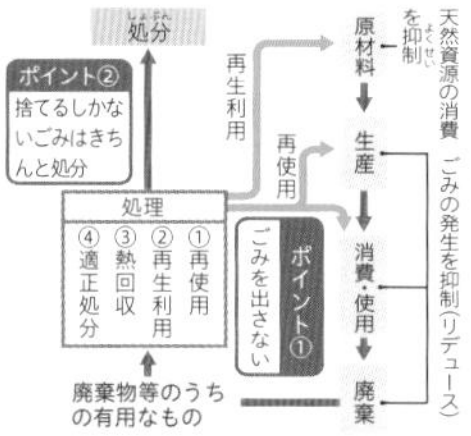

処分(しょぶん)
ポイント②
捨てるしかないごみはきちんと処分
処理
①再使用
②再生利用
③熱回収
④適正処分
廃棄物等のうちの有用なもの
再生利用
再使用
ポイント①
ごみを出さない
原材料
生産
消費・使用
廃棄
天然資源の消費を抑制(よくせい)
ごみの発生を抑制(リデュース)

▲(⑨)型社会のしくみ

①
②
③
④
⑤
⑥
⑦
⑧
⑨
⑩

日本で2000年に循環型社会形成推進基本法が制定されているよ。

解答▶▶ p.19

4　財政と私たちの福祉③

① 次の問いに答えなさい。

　高度経済成長の時期に各地で _a公害が問題となり，（　①　）運動が起こった。国は1967年に公害対策基本法を制定し，1971年には（　②　）庁（現在は省）を設置した。現在，_b循環型社会の実現に向けて _c3Rなどの取り組みが行われている。

(1) ①・②にあてはまる語句を書きなさい。

(2) 下線部aのうち四大公害病についての右の表のX〜Zにあてはまる語句をそれぞれ書きなさい。

	被害県
新潟　X	新潟県
Y	三重県
Z	富山県
X	熊本県など

▲四大公害病

(3) 下線部bについて説明した次の文の（　　）にあてはまる内容を，「環境」という語句を使って簡単に書きなさい。

　循環型社会とは，ものの大量生産や大量消費，大量廃棄を見直し，（　　　　）ことをめざす社会である。

(4) 下線部cのうちリユースについての説明としてあてはまるものを，ア〜ウから選びなさい。

　ア　必要のない包装や容器などを使わずにごみを減らすことである。

　イ　ごみとなったものを再資源化し，利用することである。

　ウ　使えるものをくり返し何度も使うことである。

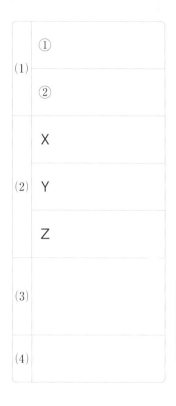

(1)	①
	②
(2)	X
	Y
	Z
(3)	
(4)	

第4章

書きトレ! 資料からわかる，四大公害裁判の判決の共通点を書きなさい（ただし，1970年代に判決が下されたことは含まない）。

新潟水俣病	1971年9月患者側全面勝訴
四日市ぜんそく	1972年7月患者側全面勝訴
イタイイタイ病	1972年8月患者側全面勝訴
水俣病	1973年3月患者側全面勝訴

ヒント ① (2) X・Zは水質汚濁，Yは大気汚染が原因です。

(4)ア〜ウのうち残る二つは，リデュース，リサイクルについての説明です。

時間30分　　合格70点
／100点

❶ 次の文を読んで，問いに答えなさい。
40点

> a金融機関である銀行は，家計・企業から預金を受け入れて（　A　）を支払い，また，お金を貸して元金の返済以外に（　A　）を受け取っている。他にも，振りこみなど（　B　）を使った送金の仲立ちも行っている。日本でb特別な働きをする銀行に日本銀行があり，紙幣を発行する（　C　）銀行などの役割を果たし，c物価の変動などにも関わっている。

預金者（家計・企業）→預金 A→金融機関（銀行など）→貸し出し A→借り手（企業・家計）

(1) A～Cにあてはまる語句を書きなさい。

(2) 右の図のように，企業が下線部aに貸し手との間に入ってもらい，お金を融通する方法を何金融といいますか。技

(3) 下線部aについて，銀行はどのように利益を上げていますか，「貸し手」と「借り手」という語句を使って簡単に書きなさい。思

(4) 日本銀行の下線部bについて，次の問いに答えなさい。

① 各国で特別な役割を果たす銀行を（　　　）といいます。（　　　）にあてはまる語句を書きなさい。

② 日本銀行が不景気のときに行うこととして正しいものを，ア～ウから選びなさい。思
　ア　一般の銀行から国債などを買い取る。
　イ　一般の企業にお金を貸し付ける。
　ウ　家計にお金を貸し付ける。

(5) 下線部cについて，物価の変動は，日本の通貨と外国の通貨との交換比率の変化にも影響をあたえます。次のX・Yは，交換比率が円高・円安のどちらのときのことですか。思
　X　アメリカのドルに対し，1ドル＝100円が1ドル＝120円になることである。
　Y　このとき，日本国内の企業にとって輸出が不利になる。

❷ 次の問いに答えなさい。
25点

(1) 日本の国の歳入に関する右の**資料**について，次の問いに答えなさい。

① **資料**の下線部aは，納税者と負担者が同じ（　　　）です。（　　　）にあてはまる語句を書きなさい。

② **資料**の下線部aでとられている累進課税とはどのようなしくみですか。「所得」という語句を使って簡単に書きなさい。思

③ **資料**のbにあてはまる，企業などが支払う税金を書きなさい。技

(2) 政府が，税金の税率や公共事業を調節して景気の安定を図ることを何といいますか。漢字4文字で書きなさい。

相続税・印紙収入　a所得税 18.4%
消費税 17.6
相続税 2.2
b 12.7
その他の租税 7.2
公債金 35.3
印紙収入 1.1
その他 5.5
（財務省資料）
資料　国の歳入（2017年度当初予算）

❸ 次の問いに答えなさい。

(1) 日本の社会保障制度の柱に関する右の**資料**について，次の問いに答えなさい。

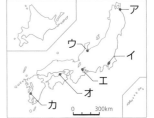

資料　社会保障制度の柱

① **資料**の下線部 a にふくまれる介護保険制度は，（　　　）歳以上の人の加入が義務づけられています。（　　　）にあてはまる数字を書きなさい。

② **資料**の下線部 b の内容として正しいものを，**ア〜ウ**から選びなさい。思

　　ア　感染症の予防　　イ　児童・障がい者への福祉　　ウ　生活保護

③ **資料**の制度の日本と比べ，高福祉高負担の北ヨーロッパの国を，**ア〜ウ**から選びなさい。

　　ア　ギリシャ　　イ　スウェーデン　　ウ　スペイン

(2) 社会保障を充実させるかわりに税金や保険料を高くするのは，高福祉高負担と低福祉低負担のどちらですか。

(3) 日本の高度経済成長の時期に社会問題となった四大公害病のうち①水俣病が発生した場所と②イタイイタイ病が発生した場所を，右の地図の**ア〜カ**からそれぞれ選びなさい。技

(4) 循環型社会の実現のための３Ｒのうち，使えるものを何度も使うことを何といいますか。

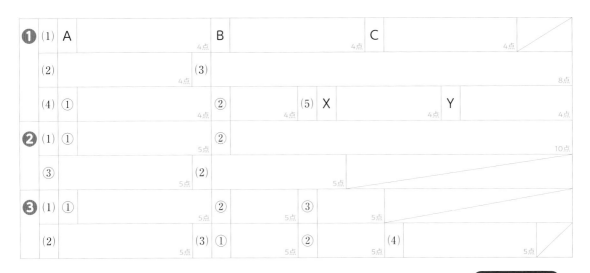

❶	(1)	A					B			C				
						4点			4点			4点		
	(2)				(3)									8点
				4点										
	(4)	①				②			(5)	X			Y	4点
				4点			4点					4点		
❷	(1)	①				②								10点
				5点										
	③				(2)									
				5点				5点						
❸	(1)	①				②			③					
				5点			5点			5点				
	(2)				(3)	①			②			(4)		5点
				5点				5点			5点			

1　国際社会の成り立ち①

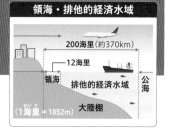
（　　）にあてはまる語句を答えよう。

ノートを活用して、くり返し書いて覚えよう。

1 国際社会と国家

◈**国際社会における持続可能性**

・**持続可能**な社会の実現のためには国をこえた視点が必要。

◈**国家と主権**

・国家…（　①　），**領域**，**主権**の三つの要素で構成。

・（　②　）…主権を持つ国家。他の国家と平等である主権平等の
　原則，他国の干渉（かんしょう）を受けない内政不干渉の原則が認められる。

・領域…主権がおよぶ範囲（はんい）。**領土**，**領
海**，（　③　）の三つで構成。

・（　④　）…領海の外，沿岸から200海
里までの範囲。沿岸国に水産資源や
鉱産資源などの権利。大陸棚（たいりくだな）ととも
に資源が豊富なところがある。

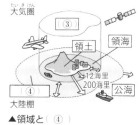

大気圏（たいきけん）
（　③　）
領土　領海
12海里
（　④　）　200海里
大陸棚　　公海
▲領域と（　④　）

・公海…（　④　）の外。公海自由の原則が認められる。

◈**国旗と国歌**

・国旗と国歌…国家を象徴（しょうちょう）するもの。日本では1999年に法律で
　（　⑤　）が国旗，「**君が代**」が国歌に。

◈**国際法の役割**

・（　⑥　）…条約や慣行（慣習法）など。尊重することで（　⑦　）の体制を形成することが求められる。

①

②

③

④

⑤

⑥

⑦

2 日本の領土をめぐる問題の現状

◈**日本が直面している問題**

・日本の固有の領土をめぐって周辺国との間で問題がある。

・（　⑧　）…島根県の島。韓国（かんこく）に不法に占拠（せんきょ）され，日本政府は抗（こう）
議（ぎ）を続けている。

・（　⑨　）…北海道の島々。ロシアに不法に占拠され，日本政府
は抗議を続けている。

⑧

⑨

⑩

> **詳しく解説！　北方領土**
>
> 1945年にソ連が占領し，1956年の日ソ共同宣言でも解決できなかった。
> 1991年にソ連が解体されたあとは，ロシアが占拠している。

・（　⑩　）…沖縄県の諸島。日本が支配し，領土問題は存在しな
いものの，中国（ちゅうごく）と台湾（たいわん）が領有権を主張。

公海自由の原則は，
国際法のうち慣行
（慣習法）の一つ
だよ。

解答 ▶▶ p.20

1 次の問いに答えなさい。

（　①　）国家の領域は，領土，領海，領空の三つで構成され，このうち領海の外にはₐ排他的経済水域，この水域の外にはどの国の船も航行が自由な（　②　）がある。排他的経済水域をはじめ，国家間ではさまざまな利益がぶつかるが，国際社会には慣習や条約などで定めたᵦルールがある。

(1)　①・②にあてはまる語句を書きなさい。

(2)　下線部ａは，沿岸から何海里までの範囲で設定できますか。
　　　ア～ウから選びなさい。

　　　ア　12海里　　イ　100海里　　ウ　200海里

(3)　下線部ｂを漢字3文字で何といいますか。

(1)	①
	②
(2)	
(3)	

2 次の問いに答えなさい。

(1)　右の地図のＡ・Ｂにあてはまるものを，ア～ウからそれぞれ選びなさい。
　　　ア　尖閣諸島　　イ　竹島
　　　ウ　与那国島

(2)　右の地図の北方領土を占拠している国の名前を書きなさい。

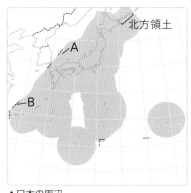

▲日本の周辺

(1)	A
	B
(2)	

第5章

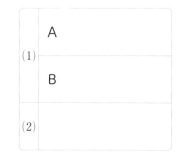

書きトレ! 資料の沖ノ鳥島は，どのような目的から護岸工事をされましたか。「周辺」と「水域」という語句を使って簡単に書きなさい。

◀護岸工事をされている沖ノ鳥島

ヒント　1 (3)条約のほかに，内政不干渉の原則などがあります。
　　　　2 (1)ア～ウのうち残る一つは，日本の西端の島です。

国際連合本部

（　）にあてはまる語句を答えよう。

ノートを活用して，くり返し書いて覚えよう。

1 国際連合のしくみとはたらき

◉平和の実現のための国際連合

・（ ① ）…国際協調の流れのなか，第一次世界大戦後の1920年に成立。第二次世界大戦は防止できなかった。

・（ ② ）…第二次世界大戦を防止できなかった反省から，1945年に（ ② ）憲章が採択（さいたく）されて成立。世界の平和と安全を維持（いじ）することが目的。

◉国際連合のしくみ

・（ ② ）の本部はアメリカの（ ③ ）にあり，主要機関や専門機関などが設置されている。

・（ ④ ）（UNESCO）…専門機関。世界遺産の仕事も行う。

> **詳しく解説！** 国連教育科学文化機関（UNESCO）
> 教育の普及（ふきゅう）や，世界遺産をふくむ文化財の保護などを行っている。
> 文化の面から平和に貢献（こうけん）している。

・（ ⑤ ）（WHO）…専門機関。医療（いりょう）や衛生などの活動を行っている。

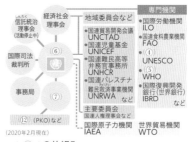

▲（ ② ）の仕組み

・（ ⑥ ）…主要機関。全加盟国で通常，毎年9月に開催（かいさい）。決議には各国が平等に1票を持つ。

・（ ⑦ ）…主要機関。世界の平和と安全を維持するための中心機関。アメリカ，ロシア連邦（れんぽう），イギリス，（ ⑧ ），中華人民（ちゅうか）共和国の5か国の（ ⑨ ）と，任期2年の10か国の（ ⑩ ）で構成。前者の5か国は，重要な事項について1か国でも反対すると決定できない（ ⑪ ）を持っている。

・**国際司法裁判所**…主要機関。当事国双方の依頼（いらい）に基づき，法律問題について裁判を行う。

・国連予算は各加盟国が財政規模に応じて分担。

◉国際連合のはたらき

・世界の平和と安全の維持のための活動…集団安全保障や，紛（ふん）争（そう）後の停戦や選挙監視（かんし）などの活動である（ ⑫ ）（PKO）など。

①

②

③

④

⑤

⑥

⑦

⑧

⑨

⑩

⑪

⑫

> 子どものための活動を行う国連児童基金（ユニセフ）も国際連合の機関だよ。

解答▶▶ p.20

1 次の問いに答えなさい。

　本部が（　①　）のニューヨークにある_a国際連合は1945年に成立し，2020年現在，_b193か国が加盟している。全加盟国が平等に1票を持つ（　②　）や安全保障理事会，事務局などの主要機関や，_c専門機関などが設置されている。

(1)　①・②にあてはまる語句を書きなさい。

(2)　下線部aに関する次の文中の（　　　）にあてはまる内容を，「世界」と「維持」という語句を使って簡単に書きなさい。

　　・第二次世界大戦を防止できなかった反省から，
　　　（　　　　　　　　）ことを大きな目的として設立された。

(3)　下線部bに関する右の資料を読み取り，次のX・Yについて，正しいものには○を，間違っているものには×を付けましょう。

▲国際連合の加盟国数の推移

■オセアニア　■南北アメリカ
□ヨーロッパ・旧ソ連　□アジア　▨アフリカ
（国連資料）

　　X　1945年から1960年にかけて加盟国数が最も増加した地域は，アジアである。

　　Y　1980年から1992年にかけて加盟国数が最も増加した地域は，オセアニアである。

(4)　下線部cに関して，世界遺産をふくむ文化財の保護などを行っている専門機関としてあてはまるものを，ア～ウから選びなさい。

　　ア　UNESCO（ユネスコ）　　イ　UNICEF（ユニセフ）　　ウ　WHO

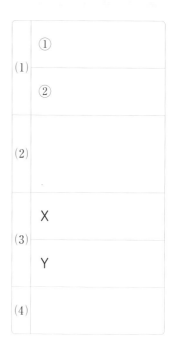

(1)	①
	②
(2)	
(3)	X
	Y
(4)	

📝**書きトレ！** 資料の国連の安全保障理事会で，ある重要事項について15か国のうちロシア連邦と中国しか反対しなかったのに可決されませんでした。その理由を，簡単に書きなさい。

◀国連の安全保障理事会の会合

ヒント ❶ (1)②毎年9月から定期的に開かれるほか，特別に開かれることもあります。
　　　　　(4)アは国連教育科学文化機関，イは国連児童基金，ウは世界保健機関の略称です。

第5章　地球社会と私たち

1　国際社会の成り立ち③

ユーロ

（　）にあてはまる語句を答えよう。

ノートを活用して，くり返し書いて覚えよう。

1 地域主義の動き

◉グローバル化と地域主義

・グローバル化の進展により，各国が他国との関係が欠かせない（　①　）の関係になる。

・（　②　）…特定の地域の国が経済や安全保障などでまとまる動き。

◉世界の地域主義の動き

・（　③　）…第二次世界大戦後にヨーロッパで経済統合の動きがあり，1993年に成立。多くの加盟国で共通通貨の（　④　）を導入。

・（　⑤　）…東南アジアの地域の安定などを目的として1967年に成立。

・アジア・太平洋地域では**アジア太平洋経済協力会議**（略称は（　⑥　））が開催（かいさい）。その他にも環太平洋（かん）パートナーシップに関する包括的（ほうかつてき）及び先進的な協定（（　⑦　））の調印など，自由貿易協定（FTA）や経済連携協定（EPA）を結び，貿易の自由化を進めることが増加。

◉地域主義の課題

・（　③　）では，加盟国間の経済格差の拡大などの課題。

①
②
③
④
⑤
⑥
⑦

2 文化や宗教の多様性

◉政治問題と文化・宗教

・領土や資源などをめぐる争い…文化や宗教（しゅうきょう）のちがいがからみ，問題が激化・複雑化することがある。→文化や宗教のちがいに関する問題は冷静に向き合う必要性。

◉現実社会への文化や宗教の影響（えいきょう）

・（　⑧　）教がさかんなヨーロッパやアメリカでは「聖書（せいしょ）」，（　⑨　）教がさかんな西アジアや北アフリカでは「クルアーン（コーラン）」が人々の生活や考え方に影響をあたえている。

◉文化の多様性

・国際社会の課題解決にはさまざまな視点からの意見が必要→文化の（　⑩　）は欠かせない。ちがいを受け入れる寛容（かんよう）さが大切。

⑧
⑨
⑩

詳しく解説！	パレスチナ問題

パレスチナをめぐり，イスラエルと，もともと住んでいたパレスチナ人やまわりのアラブ国家が対立している。

解答▶▶ p.21

1　国際社会の成り立ち③

① 次の問いに答えなさい。

第二次世界大戦後，特定の（　①　）の国が経済や安全保障などでまとまる（　①　）統合の動きがあり，a EUや，東南アジア10か国による（　②　）などもそのような組織である。日本もアジア太平洋経済協力会議に参加したり，b 環太平洋パートナーシップに関する包括的及び先進的な協定に調印したりしている。

(1)	①	
	②	
(2)		
(3)		

(1)　①・②にあてはまる語句を書きなさい。

(2)　下線部 a の共通通貨をカタカナで書きなさい。

(3)　下線部 b の略称を，ア～ウから選びなさい。

　　ア　TPP11　　イ　APEC　　ウ　MERCOSUR

② 次の問いに答えなさい。

(1)　①ヨーロッパやアメリカ，②西アジアや北アフリカで多くの人々が信仰（しんこう）している宗教を，ア～エからそれぞれ選びなさい。

　　ア　仏教　　　　　　イ　キリスト教
　　ウ　ヒンドゥー教　　エ　イスラム教

(1)	①	
	②	
(2)		

(2)　国際社会において，地域や国における文化や宗教のちがいに関する態度としてふさわしいのは，次のA，Bのどちらですか。

　　A　自分の属している文化や宗教が第一と考え，他の文化や宗教を否定する。
　　B　自分の属している文化や宗教を大切にするように，他の文化や宗教も尊重（そんちょう）する。

第
5
章

書きトレ！ 資料からわかる，ヨーロッパ連合（EU）に存在する経済面の問題点を，簡単に書きなさい。

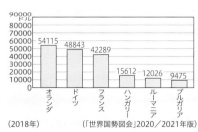

◀主なヨーロッパ連合加盟国の一人あたりの国民総所得

（2018年）　　　　　　（「世界国勢図会」2020／2021年版）

NGOによる地雷の除去作業

（　　）にあてはまる語句を答えよう。

ノートを活用して，くり返し書いて覚えよう。

1 世界各地の紛争・戦争

◉新しい戦争とは

- （　①　）…国内や周辺国を巻きこむ戦争で，多くが**民族紛争**。
- （　②　）…武器などを持つ集団の攻撃，自爆による人々の無差別殺傷，建物の破壊などを行うこと。
- 今までの国家対国家の戦争ではない（　③　）戦争の始まり。

◉難民問題

- （　④　）…生活していた場所から周辺国へにげた人。地域紛争や貧困，自然災害などが原因。1990年代以降，国内（　⑤　）が増加。
- （　⑥　）（UNHCR）…1950年に成立。（　④　）の保護活動を行う。

詳しく解説！	**国連難民高等弁務官事務所（UNHCR）**

本部はスイスのジュネーブにあり，難民条約に基づく難民や自国内で避難生活を送る国内避難民の保護活動を行っている。

①

②

③

④

⑤

⑥

2 軍縮と日本の平和貢献

◉世界の軍縮への動き

- 軍縮…大量破壊兵器の廃絶。1968年に（　⑦　）**条約**（NPT）。1991年には米ソの間で戦略兵器削減条約（START）に調印（2010年にはアメリカとロシアの間で新START）。1997年には対人地雷全面禁止条約，2017年に**核兵器**禁止条約。

◉日本の平和主義と国際貢献

- 日本の外交方針…日本国憲法の前文・第9条に規定の（　⑧　）。
  → （　⑨　）をかかげて核兵器の廃絶を訴える。
- 国際貢献…（　⑩　）などで途上国への資金援助や，開発支援。地球環境問題・地域紛争などの解決。
- 1992年に国際平和協力法（（　⑪　）協力法）を制定し，自衛隊が国連の**平和維持活動**（（　⑪　））に参加。

▲日本の（　⑩　）で造られた橋（ラオス）

⑦

⑧

⑨

⑩

⑪

地雷は，戦争後も人々に被害をあたえているんだ。

- 北朝鮮との関係…核兵器の開発やミサイルの発射。日本人の拉致問題。
- 日本は，人々が恐怖と欠乏から免れ，平和のうちに生存する「**人間の安全保障**」を実現する責任を負っている。

① 次の問いに答えなさい。

(1) 次の文の（　　　）にあてはまる語句を書きなさい。
　・地域紛争は，多くが（　　　）紛争の形で起こっている。

(2) 1968年に採択された，1967年1月以前に核兵器を保有する
国以外への，核兵器の保有を禁止することを規定した条約
の名称を書きなさい。

(3) 国連難民高等弁務官事務所の略称を，ア〜ウから選びなさい。
　　ア　UNHCR　　イ　WHO　　ウ　UNESCO

(1)	
(2)	
(3)	

② 次の問いに答えなさい。

> 　日本の外交方針は，日本国憲法第9条などに規定の（　①　）
> 主義と，政府開発援助（略称は（　②　））や自衛隊の国連平和
> 維持活動（PKO）などの国際貢献である。

(1) ①・②にあてはまる語句を書きなさい。

(2) 下線部に関する
右の地図から読
み取れることと
してあてはまる
ものを，ア〜ウ
から選びなさい。

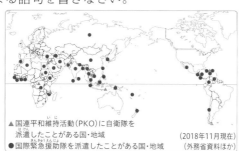

▲国連平和維持活動(PKO)に自衛隊を
派遣したことがある国・地域
●国際緊急援助隊を派遣したことがある国・地域
（2018年11月現在）
（外務省資料ほか）
◀日本の主なPKOと国際緊急援助隊の
派遣先

(1)	①
	②
(2)	

　ア　日本の自衛隊は，アジア州に国連平和維持活動(PKO)として派遣されたことがない。

　イ　日本の国際緊急援助隊は，北アメリカ州に派遣されたことがある。

　ウ　日本の国際緊急援助隊は，オセアニア州に派遣されたことがない。

書きトレ！ 資料からわかる，2000年から2016年にかけての日本の二国間政府開発援助（ODA）
の地域別の割合の変化を，「アジア」という語句を使って簡単に書きなさい。

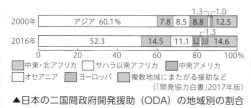

2000年　アジア 60.1%　　7.8　8.5　8.8　12.5　1.3 1.0
2016年　52.3　　14.5　11.1　3.2 3.0　14.6　1.3
0　20　40　60　80　100%
■中東・北アフリカ　□サハラ以南アフリカ　■中南アメリカ
□オセアニア　■ヨーロッパ　■複数地域にまたがる援助など
（「開発協力白書」2017年版）
▲日本の二国間政府開発援助（ODA）の地域別の割合
の推移

ヒント　②　(2)ウのオセアニアには，大陸に位置するオーストラリアだけでなく，太平洋上の島国もふくまれます。

第
5
章

水くみをする子どもたち

（　　）にあてはまる語句を答えよう。

ノートを活用して，くり返し書いて覚えよう。

1 世界で広がる経済格差

◉南北問題と南南問題

・（　①　）…モノカルチャー経済の状態のままの**発展途上国**（途上国）と**先進工業国**（先進国）の間の経済格差。

・（　②　）…1日の生活費が約2ドル未満。アフリカ南部に多い。

> **詳しく解説！　南北問題**
> 発展途上国（途上国）の多くが南半球，先進工業国（先進国）の多くが北半球に位置することから名付けられた。

・**新興国**…1960年代から発展した韓国，台湾，ホンコン（香港），シンガポールなどの（　③　），2000年代に発展して（　④　）とよばれるブラジル，ロシア連邦，インド，中国，南アフリカ共和国。

・（　⑤　）…経済成長の差による発展途上国の間の経済格差。

◉自立した経済発展を目指して

・発展途上国に対する少額融資である（　⑥　）の取り組み。

①
②
③
④
⑤
⑥

2 資源・エネルギーをめぐって

◉限りのある天然資源

・（　⑦　）…石炭，石油，天然ガスなど。エネルギー消費量の8割以上。→埋蔵量にかたよりがあり，採掘できる年数に限り。

◉日本のエネルギーの状況

・日本のエネルギー消費量…約半分が産業用。近年，家庭用が増加。

・日本の発電…（　⑧　），**火力発電**，**原子力発電**。→使用される資源の9割以上は輸入にたよる。

◉これからの日本のエネルギー

・火力発電の問題点…石油や天然ガスは中東・東南アジアへの依存度が高い。二酸化炭素を排出。

・原子力発電の問題点…2011年の（　⑨　）のときの発電所事故での放射性廃棄物による被害。放射性廃棄物の処分場の問題。

・（　⑩　）…太陽光や風力，地熱など。→二酸化炭素排出がない。

⑦
⑧
⑨
⑩

再生可能エネルギーには，費用が高いなど課題もあるよ。

解答▶▶ p.22

① 次の問いに答えなさい。

　先進国と発展途上国の経済格差の問題を a 南北問題という。また，近年見られる，発展途上国のなかでも b 新興国と貧しいままの国の間の格差を（　　　）という。

(1) （　　）にあてはまる語句を書きなさい。

(2) 下線部 a について，南北問題の「南」にあたるのは，先進国と発展途上国のどちらですか。

(3) 下線部 b について，特に経済成長のめざましいブラジル，ロシア，インド，中国，南アフリカの5か国のアルファベットの略称を何といいますか。

(1)	
(2)	
(3)	

② 次の問いに答えなさい。

(1) 化石燃料にあてはまるものを，ア～ウから選びなさい。
　　ア　地熱　　イ　バイオマス　　ウ　石炭

(2) 自然を利用した発電のうち右の資料の発電方法を何といいますか。また，この発電に関係するものをふくめ，自然の中で得られ，くり返し使うことができるエネルギーを何といいますか。

▲ある発電の施設

(3) 東日本大震災による事故をきっかけに運用が見直されることになったのは何発電ですか。

(1)	
(2)	＿＿＿＿発電
	エネルギー
(3)	

書きトレ！ 資料を見て，ドイツやイギリスと比べた日本の発電電源の割合の特徴を，「化石燃料」という語句を使って簡単に書きなさい。

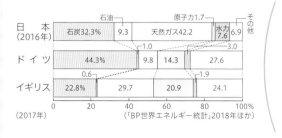

	石炭	石油	天然ガス	原子力1.7 水力	その他
日　本 (2016年)	石炭32.3%	9.3	天然ガス42.2	7.6	6.9
ドイツ	44.3%	1.0 / 9.8	14.3	3.0 / 27.6	
イギリス	0.6 / 22.8%	29.7	20.9	1.9 / 24.1	

0　　　20　　　40　　　60　　　80　　　100%
(2017年)　　　（「BP世界エネルギー統計」2018年ほか）

ヒント　② (3)東日本大震災の前は，発電電源全体の約4分の1を占めていました。

第5章　地球社会と私たち

3　さまざまな国際問題

地球サミット

（　　）にあてはまる語句を答えよう。

ノートを活用して、くり返し書いて覚えよう。

1 地球環境問題

◆さまざまな地球環境問題

・地球環境問題…森林伐採などが原因の砂漠化、自動車の排気ガスや工場のばい煙などが原因の大気汚染と（　①　）の発生、フロンガスが原因の（　②　）の破壊など。

・**地球温暖化**…地球環境問題の一つ。二酸化炭素（CO_2）などの（　③　）の増加が原因。→生物の死滅、農作物の不作、干ばつ・洪水の発生、海面上昇による低地・島国の水没。

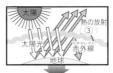
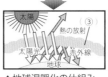
▲地球温暖化の仕組み

◆国際社会の取り組み

・（　④　）…1992年にブラジルで開催。気候変動枠組条約などに調印。

・（　⑤　）…1997年に採択。先進国に温室効果ガス排出削減を義務付け。

・（　⑥　）…2015年に採択。途上国をふくみ排出削減に取り組む。
→気温上昇を産業革命が進む以前から2℃以内におさえる。

> **詳しく解説!** 温室効果ガス削減への2つの立場
> 先進国と発展途上国では、自国の経済発展をめぐり、温室効果ガス削減の具体的な手順については考え方に差がある。

◆地球環境問題の解決に向けて

・経済などの発展と環境保全の両立が必要。国・地域などが国際的に協力。

①

②

③

④

⑤

⑥

2 これからの持続可能な社会

◆持続可能な開発目標

・（　⑦　）の総会で、2015年に（　⑧　）（**SDGs**）に合意。具体的な17の目標（ゴール）を定める→貧困や飢餓を終わらせること、公正で質の高い教育の確保、安全な（　⑨　）を飲めること、海洋・水産資源の保全、国内・各国間の不平等の是正など。

◆持続可能な社会実現のために

・現在の世代だけでなく（　⑩　）の世代の幸福も考えて、行動する必要がある。

⑦

⑧

⑨

⑩

解答▶▶ p.22

第5章　地球社会と私たち

3　さまざまな国際問題

① 次の問いに答えなさい。

　地球環境問題には森林伐採などが原因の（　①　）化や，a酸性雨，地球温暖化などがある。このうち地球温暖化の防止については，国際的な環境会議が開催されており，（　②　）（CO_2）などb温室効果ガスの削減に関する文書が採択されている。

(1)　①・②にあてはまる語句を書きなさい。

(2)　下線部aの原因としてあてはまるものを，ア～ウから選びなさい。

　　ア　フロンガス

　　イ　自動車の排気ガスや工場のばい煙など　　ウ　汚染物質の海洋への流出

(3)　下線部bのうち2015年に採択され，産業革命以前からの気温上昇を2度未満とし，途上国をふくみ排出削減に取り組むことを定めたものを，ア～ウから選びなさい。

　　ア　京都議定書　　イ　生物多様性条約　　ウ　パリ協定

(1)	①
	②
(2)	
(3)	

② 次の問いに答えなさい。

(1)　持続可能な開発目標（SDGs）のうち，右の図が表している内容を，ア～ウから選びなさい。

　　ア　持続的な経済成長を進める。

　　イ　健康的な生活を確保する。

　　ウ　海と海の資源を大切にする。

| (1) | |

第5章

書きトレ! 資料のツバルなど島国が，温室効果ガスの排出量の削減に向けて取り組みを推進するように環境会議などで各国に訴えている理由を，簡単に書きなさい。

◀太平洋上の島国であるツバル

❶ 次の文を読んで，問いに答えなさい。

28点

> 国家は，（　A　），領域，主権の三つの要素で成り立ち，このうち領域は，_a領土，領海，（　B　）で構成されている。世界には国家が190以上あり，日本はこれらの国々と_b国際法を尊重しつつ協調体制をとっている。また日本は，日本国憲法第9条などで定められた（　C　）主義と国際貢献を外交の方針とし，_c国際連合などの機関の活動にも参加している。

(1) A〜Cにあてはまる語句を書きなさい。

(2) 日本の下線部aの説明として正しいものを，ア〜エから選びなさい。思
　ア　北方領土を韓国に占拠されている。　　イ　日本の南端は沖ノ鳥島である。
　ウ　竹島を中国に占拠されている。　　　　エ　日本の東端は与那国島である。

(3) 下線部bである慣行（慣習法）のうち排他的経済水域の外の海は，どの国の船でも自由に航行できるという原則を何といいますか。

(4) 下線部cについて，次の問いに答えなさい。

　① 国連分担金の比率である右の**資料**のX〜ZのうちX・Yにあてはまる組み合わせとして正しいものを，ア〜エから選びなさい。技
　　ア　X：アメリカ　Y：日本　　イ　X：中国　Y：日本
　　ウ　X：アメリカ　Y：中国　　エ　X：中国　Y：アメリカ

（2020年）
その他 28.7
（X）22.0%
総額 28.7 億ドル
韓国 2.3
ロシア 2.4
カナダ 2.7
ブラジル 2.9
イタリア 3.3
フランス
4.4 4.6
6.1
8.6
Y 12.0
（Z）
ドイツ
イギリス
（国連資料）
資料　国連分担金の比率

　② 国際連合の専門機関であるWHOの活動として正しいものを，ア〜エから選びなさい。思
　　ア　子どもの成長を守るための活動　　イ　医療や衛生などの活動
　　ウ　識字教育や文化財の保護などの活動　　エ　労働者の生活の改善などの活動

❷ 次の問いに答えなさい。

32点

(1) 世界の地域主義（リージョナリズム）に関して，①USMCA，②AU，③ASEANの加盟国・地域を，右の地図のア〜オから選びなさい。技

(2) 南北問題の内容として正しいものを，ア〜ウから選びなさい。思
　ア　先進工業国と発展途上国の間の経済格差
　イ　先進工業国間の経済格差　　ウ　発展途上国間の経済格差

(3) 記述 一部の発展途上国で見られるモノカルチャー経済の内容を，簡単に書きなさい。思

(4) 新興国であるBRICSにふくまれる国として正しくないものを，ア〜エから選びなさい。
　ア　中国　　イ　ブラジル　　ウ　南アフリカ共和国　　エ　インドネシア

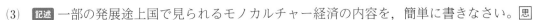

ア　イ　ウ　エ　オ 南米南部共同市場

❸ **次の問いに答えなさい。**

(1) 世界の二酸化炭素排出量に関する右の**資料Ⅰ**について，次の問い
に答えなさい。

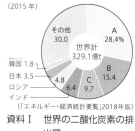

資料Ⅰ　世界の二酸化炭素の排出量

① **資料ⅠのA～CのうちA・B**にあてはまる国・地域の組み合
わせとして正しいものを，**ア～ウ**から選びなさい。技

　ア　A：アメリカ　B：中国　　イ　A：EU　B：中国

　ウ　A：中国　　B：アメリカ

② **資料Ⅰ**の二酸化炭素など地球温暖化の原因であるガスをまとめて何といいますか。

(2) 地域別の人口の推移と将来予測に関する右の**資料Ⅱ**につい
て，次の問いに答えなさい。

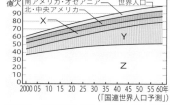

資料Ⅱ　地域別の人口の推移と将来予測

① **資料ⅡのX～ZのうちY・Z**にあてはまる地域として
正しいものを，**ア～ウ**からそれぞれ選びなさい。技

　ア　ヨーロッパ　　イ　アジア　　ウ　アフリカ

② **資料ⅡのY・Z**のような人口の増加は，貧困につなが
ることがあります。主に発展途上国に対して行われている，貧しい人々が事業を始め
るにあたり，少額のお金をその人々に融資することを何といいますか。

(3) 兵器や戦争・紛争について，次の問いに答えなさい。

① 地面に埋められ，戦争終了後も人々に被害をあたえる兵器を何といいますか。

② 核兵器関連の条約に関する**ア～ウ**を，採択されたのが古い順に並べ替えなさい。思

　ア　核兵器不拡散条約　　イ　核兵器禁止条約　　ウ　包括的核実験禁止条約

③ 戦争や地域紛争などにより，生活していた場所から国内外に逃げた人々を何といいますか。

第5章

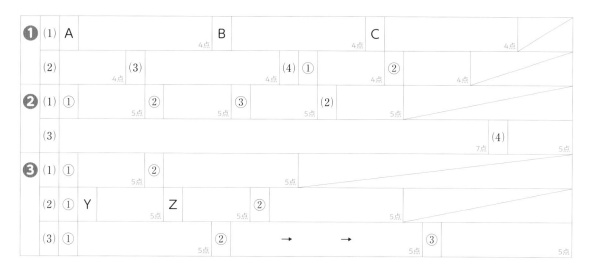

より良い社会を目指して

空港のピクトグラム

（　）にあてはまる語句を答えよう。

ノートを活用して，くり返し書いて覚えよう。

1 持続可能な社会を形成するために

・持続可能な社会の形成者として，社会の（ ① ）の解決策を探
究することが求められている。→「効率と公正」など社会的
な考え方などを活用することが必要。

① _____

2 持続可能な社会を実現するための課題

・環境，人権，伝統，防災などの（ ② ）から選んで具体的に解
決するべき課題を設定し，それを選んだ理由も示す。

② _____

・地図帳・教科書，インターネットなどにある，地図やグラフ
などの（ ③ ）をさまざまな観点から収集する。

③ _____

・調べたことをもとに探究する。

・調べたことについてグループで議論し，（ ④ ）を深める。

④ _____

・（ ⑤ ）にまとめる。このとき，探究課題，課題設定の理由，
探究の方法，探究の内容，探究のまとめと構想（アクション
プラン），参考資料などの項目を入れる。

⑤ _____

3 社会の課題解決への探究

・社会の課題の解決には,解決策の探究の継続や社会参画が必要。

→メディア・リテラシーを身に付けて正確な情報を入手する。

→さまざまな人と協力しつつ探究することで実現の可能性の
高い解決策を見付けることができる。

→社会の課題を自分のこととして想像力を働かせることが必要。

社会の課題の解決には,
解決策の探究の積み重
ねなどが必要なんだよ。

次の問いに答えなさい。

(1) 右の資料のようなものを何とい
いますか。カタカナで書きなさい。

(2) 右の資料のA～CのうちB・C
にあてはまる語句を，ア～ウか
らそれぞれ選びなさい。

　ア　内容　　イ　まとめと構想

　ウ　方法

〈課題設定〉
・X市のごみ問題の解決
〈課題設定の理由〉
・X市で増えているごみを
　減らしたいと思ったから。
〈探究の（ A ）〉
　↓
〈探究の（ B ）〉
　↓
〈探究の（ C ）〉

(1)	
(2)	B
	C

解答▶▶ p.23

\\ 定期テスト //

予想問題

チェック!

テスト前に解いて,
わからない問題や
まちがえた問題は,
もう一度確認して
おこう!

- テスト本番を意識し,時間を計って解きましょう。

- 取り組んだあとは,必ず答え合わせを行い,
  まちがえたところを復習しましょう。

- 観点別評価を活用して,自分の苦手なところを確認しましょう。

定期テスト
予想問題
1

第1章
現代社会と私たち

時間30分　　合格70点
／100点

❶ 現代日本について，次のA～Cのカードを見て，問いに答えなさい。　　32点

A　グローバル化
　世界が一体化するにつれ，国際分業も進むようになり，ₐ日本も食品の原料を外国から輸入するようになっている。

B　少子高齢化
　現在，日本は少子高齢化が進み，また，人口減少も始まっている。そうしたなか，ᵦさまざまな課題がある。

C　情報化
　コンピューターやインターネットなどが発達した現代の社会は，世界中の情報を一瞬で入手できる反面，ᵪ問題点もある。

(1) 下線部aに関して，右の資料を見て，問いに答えなさい。
　① 米と魚介類のグラフを，右の資料中のア～エから1つずつ選びなさい。[技]
　② [記述] 日本は，食料自給率の低さが課題になっているが，これによって生じる問題は何か，「安定」という語句を使って，簡単に書きなさい。[思]

▲日本の品目別自給率の推移
（「食料需給表」平成28年度ほか）

(2) [記述] 下線部bについて述べた次の文中の（　　　）にあてはまる内容を，「働く世代」という語句を使って，簡単に書きなさい。[思]

　今後，少子高齢化がより進むと，社会保障に必要な費用が増加する一方で，支え手となる生産年齢人口は減少していくので，（　　　　　）。

(3) 下線部cについて述べた次の文中の①・②にあてはまる語句を，それぞれ書きなさい。

　情報化が進んだことで，情報をあつかう手段や技能をもつ人ともたない人との（　①　）や，（　②　）の流出という問題が生じている。

❷ 次の問いに答えなさい。　　24点

(1) 次の①～③の月に行われる年中行事を答えなさい。
　① 1月　　② 8月（地域により7月）　　③ 11月

(2) 伝統文化のうち，アイヌ文化で受け継がれてきたものは，右のA，Bのどちらですか。[技]

(3) [記述] Cの神戸市のごみ分別のリーフレットから読み取れる神戸市が取り組んでいることを簡単に書きなさい。[思]

▲神戸市のごみ分別リーフレット
（英語，中国語）

成績評価の観点　　[技]…資料活用の技能　　[思]…社会的な思考・判断・表現

❸ 次の文を読んで，問いに答えなさい。 技　　44点

---

　　a人間は，いくつかの社会集団に属している。社会集団の中では，さまざまな意見の違い
から（　A　）が生じることがある。それを解決するために，おたがいがb納得できる（　B　）を
目指す必要がある。（　B　）を形成する際，多数決を用いる場合がある。その際，配慮すべき
ことは（　C　）ことである。また，c投票の方法も事前に確認しておく必要がある。

---

(1)　（　A　）・（　B　）にあてはまる語句を，それぞれ漢字2字で書きなさい。

(2)　記述 下線部aについて，「人間は社会的存在である」といわれる理由を答えなさい。思

(3)　下線部bについて，この際，効率と公正という視点が重要です。次の①〜③の評価は，そ
れぞれ「効率」「公正」のどちらの視点にあたりますか。それぞれ答えなさい。

　　①　ルールをつくる過程にみんなが参加しているか。

　　②　立場をかえても受け入れられるものになっているか。

　　③　お金や物，土地，労力などが無駄なく使われているか。

(4)　記述 （　C　）にあてはまる内容を，「少数」という語句を使って，簡単に書きなさい。思

(5)　記述 下線部cについて，事前に確認する必要がある理由について述べた次の文の（　　　）
にあてはまる内容を書きなさい。思

　　複数の案がある場合，一度の投票で，賛成の票を最も多く集めた案を全体の（　B　）と
する方法では，決まった結果に賛成の票を入れた人の数が，賛成の票を入れなかった人
の数より（　　　）からである。

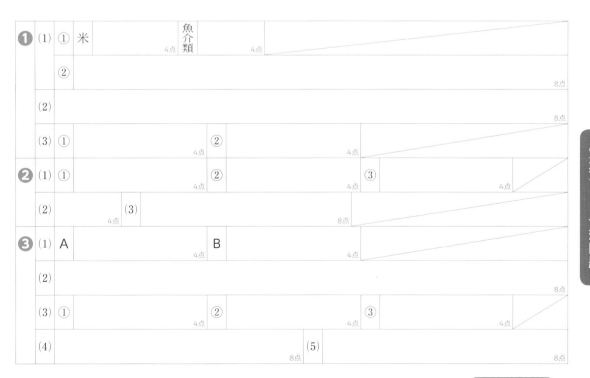

定期テスト予想問題

第2章
個人の尊重と日本国憲法①

時間
30分
／100点

合格
70点

① 次の文を読んで，問いに答えなさい。

60点

> 現在，各国で広く保障されるようになった人権も，最初から認められていたわけではない。人々の長年の努力による _a人権獲得（かくとく）の歴史があった。そのなかで，_b思想家たちの果たした役割も大きい。また，人権を保障するためには _c法の役割も重要である。

(1) 下線部 a について，次のA～Dの資料と，人権思想のあゆみを示した略年表を見て，問いに答えなさい。

A

第151条　経済生活の秩序は，全ての人の人間に値する生存を保障することをめざす…（略）…

B

第1条　人は生まれながらに，自由で平等な権利を持つ。…（略）…

年	国	ことがら
1215	イギリス	マグナ・カルタが成立する
1689	（ P ）	Cが出される
1776	（ Q ）	Dが出される
1789	（ R ）	Bが出される
1889	日本	_d大日本帝国憲法が出される
1919	（ S ）	Aが出される
1946	日本	日本国憲法が制定される
1948	国際連合	（　　　）が採択される
1966	国際連合	国際人権規約が成立する

C

第1条　議会の同意なしに，国王の権限によって法律とその効力を停止することは違法（いほう）である。

D

我々は以下のことを自明の真理であると信じる。人間はみな平等につくられ，…（略）…

① A～Dの資料にあてはまるものを，次のア～エから1つずつ選びなさい。［技］

　ア　人権宣言　　イ　権利章典　　ウ　ワイマール憲法　　エ　独立宣言

② A～Dの資料のうち，世界で初めて社会権を明記したものを，記号で答えなさい。

③ 略年表中のP～Sの国名を，次のア～エから1つずつ選びなさい。

　ア　フランス　　イ　ドイツ　　ウ　アメリカ　　エ　イギリス

④ 略年表の（　　　）にあてはまる，国際連合の総会で採択された，世界共通の目標になっているものを，漢字6字で答えなさい。

(2) 下線部 b について，『法の精神』を著し，三権分立を説いた思想家を，ア～エから選びなさい。

　ア　マルクス　　イ　モンテスキュー　　ウ　ロック　　エ　ルソー

(3) 下線部 c について，右の図は，人の支配と法の支配を模式的に示したものです。右の図を参考に，①法の支配において保障されることと，②制限されることを，それぞれ書きなさい。［技］

(4) ［記述］下線部 d について，大日本帝国憲法では，人権はどのような形で認められていたか，「臣民（しんみん）」と「法律」という語句を使って簡単に書きなさい。［思］

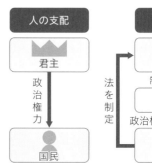

人の支配

君主

政治権力

国民

法の支配

法

制限

政府

政治権力

国民

法を制定

成績評価の観点　［技］…資料活用の技能　［思］…社会的な思考・判断・表現

❷ 日本国憲法について，問いに答えなさい。

(1) 「5月3日」は国民の祝日ですが，①何の日で，②何を記念にしたものか，答えなさい。

(2) 次の文中の（ A ）・（ B ）にあてはまる語句を，それぞれ漢字2字で書きなさい。

> 日本国憲法第1条には「天皇は，日本国の（ A ）であり日本国民統合の（ A ）であつて，この地位は，（ B ）の存する日本国民の総意に基く。」とある。

(3) 次の文中の（ C ）・（ D ）にあてはまる語句の組み合わせとして正しいものを，ア～エから1つ選びなさい。

> ① 日本国民は，正義と秩序_{ちつじょ}を基調とする国際平和を誠実に希求し，国権の発動たる（ C ）と，武力による威嚇又_{いかくまた}は武力の行使は，…（略）…永久にこれを放棄_{ほうき}する。
> ② …（略）…陸海空軍その他の戦力は，これを保持しない。国の（ D ）権は，これを認めない。

ア C：戦争　D：交戦　　イ C：戦争　D：自衛
ウ C：侵略_{しんりゃく}　D：交戦　　エ C：侵略　D：自衛

(4) 右の図は，日本国憲法の改正手続きの流れを表したものです。図中の（ E ）・（ F ）にあてはまる語句の組み合わせとして正しいものを，ア～エから選びなさい。また，（ G ）にあてはまる語句を書きなさい。技

ア E：出席議員　F：過半数
イ E：総議員　　F：4分の3以上
ウ E：出席議員　F：4分の3以上
エ E：総議員　　F：過半数

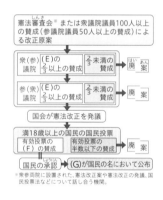

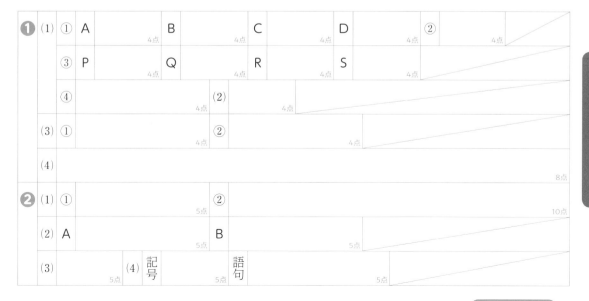

① **右の基本的人権の構成図を見て，問いに答えなさい。** 技 　60点

(1) 下線部 a について，日本国憲法では，基本的人権を「侵すことのできない（ A ）の権利」として保障している。（ A ）にあてはまる語句を，漢字2字で書きなさい。

(2) 下線部 b について，次の日本国憲法の条文中の（ B ）にあてはまる語句を答えなさい。

> すべて国民は，個人として尊重される。生命，自由及び（ B ）に対する国民の権利については，公共の福祉に反しない限り，…（略）…最大の尊重を必要とする。

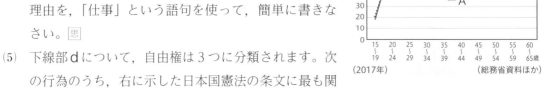

- a 基本的人権
- d 自由権　自由に生きるための権利
- e 社会権　人間らしく生きるための権利
- f 人権保障を確実にするための権利（参政権など）
- b 個人の尊重と（ C ）の平等（C 平等権）（等しく生きるための権利）

(3) 図中の（ C ）にあてはまる語句を答えなさい。

(4) 下線部 c について，資料は，1975年と2017年の女性の年齢別労働力人口の割合を示しています。A，Bどちらが2017年のものか，答えなさい。また，そう考えた理由を，「仕事」という語句を使って，簡単に書きなさい。 思

資料

（グラフ）
縦軸 100〜10%
横軸 15〜19 / 20〜24 / 25〜29 / 30〜34 / 35〜39 / 40〜44 / 45〜49 / 50〜54 / 55〜59 / 60〜65歳
(2017年)　（総務省資料ほか）

(5) 下線部 d について，自由権は3つに分類されます。次の行為のうち，右に示した日本国憲法の条文に最も関わりの深いものを選び，記号で答えなさい。また，この条文は，3つの自由のうち，どれにあたりますか，答えなさい。 技

　ア　自分で歌を作詞・作曲して友だちと路上ライブをした。
　イ　家の商売を継がないで，会社員になった。
　ウ　大学で学んだ考古学の研究を卒業後も趣味として続けている。
　エ　アルバイトの報酬で好きなゲームソフトを購入した。

> 何人も，公共の福祉に反しない限り，居住，移転及び職業選択の自由を有する。

(6) 下線部 e について，各問いに答えなさい。

　① 記述 社会権の1つである，生存権とはどういう権利ですか。簡単に書きなさい。 思

　② ①の権利を保障するために制定された法律を何といいますか。

　③ 労働基本権のうち，労働組合をつくる権利を何といいますか。

(7) 下線部 f について，次のア〜オを，①参政権と②請求権に分類しなさい。 技

　ア　憲法改正の国民投票権　　　イ　裁判を受ける権利　　　ウ　請願権
　エ　刑事補償請求権　　　　　　オ　最高裁判所裁判官の国民審査権

　成績評価の観点　技…資料活用の技能　思…社会的な思考・判断・表現

❷ 次の問いに答えなさい。　　　　　　　　　　　　　　20点

(1) 「公共の福祉」について，右の表は，「公共の福祉」による人権の制限の例を示したものです。表中のＡ〜Ｃにあてはまる語句を，◻︎◻︎◻︎から選びなさい。技

（ Ａ ）	・公務員のストライキを禁止
（ Ｂ ）の自由	・感染症による入院措置
（ Ｃ ）の自由	・選挙運動の制限

┌─────────────────────────────────────┐
　集会・結社　　　居住・移転　　　労働基本権　　　表現　　　職業選択
└─────────────────────────────────────┘

(2) 国民の義務について，国民の権利であると同時に義務でもあると憲法で定められているものを，ア〜エから選びなさい。

ア 教育を受けること　　**イ** 投票　　**ウ** 勤労　　**エ** 納税

❸ 次の問いに答えなさい。思技　　　　　　　　　　20点

(1) 新しい人権について，各問いに答えなさい。

① 情報公開制度は，どの新しい人権と関係が深いですか。書きなさい。

② 医療の現場におけるインフォームド・コンセントとは，医師から十分な説明を受けた後に治療方法を患者（　　　　）という考え方です。（　　　　）にあてはまる内容を書きなさい。思

(2) 人権保障の国際的広がりについて，次のア〜ウは国際連合で採択された人権に関する条約です。採択された順に並べ替えなさい。技

ア 子ども（児童）の権利条約　　**イ** 女子差別撤廃条約　　**ウ** 国際人権規約

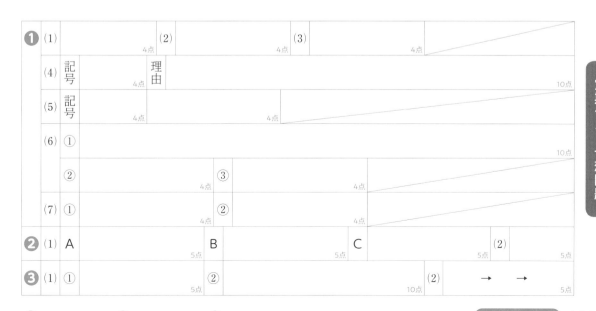

定期テスト予想問題

時間 30分　／100点
合格 70点

① **次の文を読んで，問いに答えなさい。** 35点

> 日本では_a選挙を通じて国民の代表者である国会議員を選ぶ。国会は二院制がとられ，いくつかの重要な点で_b衆議院の優越（ゆうえつ）が認められている。内閣は行政を担当し，国会との関係では_c議院内閣制をとっている。

(1) 下線部aについて，右の表は，比例代表制の模擬選挙における得票数を示しています。定数を5人とする場合，5人目の当選者が出る政党をA～Cから選びなさい。技

	A党	B党	C党
得票数	2400	1800	960

(2) 下線部bが認められているものを，ア～オから2つ選びなさい。
　ア　弾劾裁判所（だんがい）の設置　　イ　内閣総理大臣の指名　　ウ　国政調査権の行使
　エ　憲法改正の発議　　オ　予算の議決

(3) 下線部cについて，次の憲法の条文中の（　A　）・（　B　）にはあてはまる語句を，（　C　）にはあてはまる内容を答えなさい。思

> 第68条　（　A　）は，国務大臣を任命する。但し（ただ），その過半数は，（　B　）の中から選ばなければならない。
> 第69条　内閣は，衆議院で不信任の決議案を可決し，又は（また）信任の決議案を否決したときは，10日以内に（　C　）。

② **右の図を見て，問いに答えなさい。** 20点

(1) 右の図の裁判の種類を何といいますか。技
(2) この裁判が行われている裁判所の名前を書きなさい。
(3) 図中のA～Cにあてはまる語句を，それぞれ書きなさい。技

③ **右の図のX，Y，Zは，国会，内閣，裁判所のいずれかです。この図を見て，問いに答えなさい。** 17点

(1) 図中の@，ⓑが示す仕事としてあてはまるものを，ア～オから1つずつ選びなさい。技
　ア　内閣総理大臣の指名　　イ　衆議院の解散の決定
　ウ　最高裁判所長官の指名　　エ　違憲審査（いけんしんさ）　　オ　弾劾裁判所の設置
(2) 三権分立制がとられている理由を，「濫用（らんよう）」という語句を使って，簡単に書きなさい。思

成績評価の観点　技…資料活用の技能　思…社会的な思考・判断・表現

❹ 次の文を読んで，問いに答えなさい。　　　　　　　　　　　　　　28点

> 地方自治は，地方公共団体を単位として行われている。住民には，_a直接請求権などが認められている。また，_b地方財政については，_c多くの問題をかかえているのが実情である。

(1) 下線部 a について，有権者数30000人の市において条例の制定を請求する場合の手続きについて述べている次の文中の（　A　）・（　B　）にあてはまる数字や語句を答えなさい。技

> （　A　）人以上の有権者の署名を集めて，（　B　）に請求する。

(2) 下線部 b について，右の 3 府県の歳入とその内訳について述べた次の文中の（　C　）・（　D　）にあてはまる府県名を答えなさい。技

国庫支出金　地方債
地方交付税交付金など　　その他
大阪府
2兆7770億円　地方税 46.8%　14.9　9.2　17.9　11.2
沖縄県
7477億円　18.9　30.8　31.7　11.0　7.6
鳥取県
3582億円　17.8　42.0　13.2　13.1　13.9
（2016年度）　　　　　　　（「地方財政統計報」平成28年度）

> 　3 府県を比べると，地方税収入の格差をなくすために国から配分される資金の割合が最も大きいのは（　C　）である。また，地方税の割合が国庫支出金の割合より大きい府県の中で，地方債の割合が小さいのは（　D　）である。

(3) 記述 下線部 c について，どのような問題がありますか。「自主財源」という語句を使って簡単に書きなさい。思

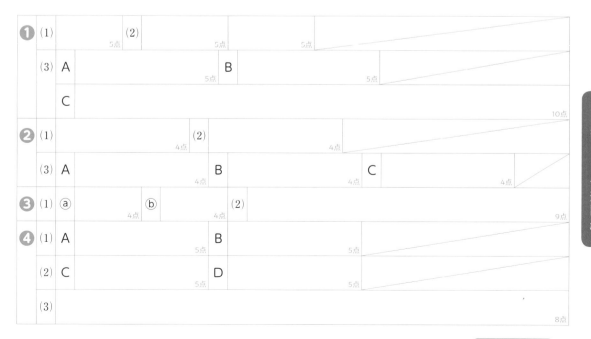

❶	(1)			(2)					
			5点			5点		5点	
	(3)	A			B				
				5点				5点	
		C							10点
❷	(1)				(2)				
				4点				4点	
	(3)	A			B		C		
				4点		4点		4点	
❸	(1)	ⓐ		ⓑ		(2)			
			4点		4点				9点
❹	(1)	A			B				
				5点			5点		
	(2)	C			D				
				5点			5点		
	(3)								8点

定期テスト予想問題

時間 30分 ／100点　合格 70点

❶ 次の文を読んで，問いに答えなさい。 40点

> 私たちは，さまざまな_a商品を購入し消費して生活している。この家族や個人といった，_b消費生活の単位を家計という。そして，私たちは消費者として_c市場経済にかかわっている。

私たちは，さまざまな<u>a商品を購入し</u>消費して生活している。この家族や個人といった，<u>b消費生活</u>の単位を家計という。そして，私たちは消費者として<u>c市場経済</u>にかかわっている。

(1) 下線部 a について，次の問いに答えなさい。

　① 次の文は，Kさんのある日の行動の記録です。この中で，Kさんが財とサービスを購入した場面はそれぞれいくつありますか，答えなさい。技

> Kさんは，近くの歯科医院で治療を受けた後，バスに乗って駅前まででかけた。駅前の本屋で参考書を1冊買ってから美容院で髪を切ってもらった。その後，コンビニエンスストアでアイスを1個買い，歩いて家まで帰った。

　② 商品を購入するとき，売る側と買う側で何をいくらで売買するかの合意が成立しています。このような当事者間での合意を何といいますか。漢字2字で書きなさい。

(2) 下線部 b について，問いに答えなさい。

　① 製造物責任法（PL法）について説明した次の文中の（　）にあてはまる内容を，「過失」と「救済」という語句を使って，簡単に書きなさい。思

> 製品の欠陥によって消費者が被害を受けた場合，（　　　　　）。

資料

通知書

次の契約を解除することを通知します。

契約年月日　〇〇年〇月〇日
商品名　　　〇〇〇〇〇〇
販売会社　　株式会社〇〇〇　〇〇〇営業所
　担当者　　〇〇〇〇
クレジットカード会社　△△△株式会社
　支払った代金〇〇円を返金し，商品を引き取ってください。

〇〇年〇月〇日
〇〇〇〇

　② 右の資料に関係の深い制度を何といいますか，答えなさい。技

(3) 下線部 c について，右の図は，ある商品の需要量と供給量と価格の関係を示したものです。また，次の文は，この図について述べたものです。文中の（　A　）・（　B　）にあてはまる語句の組み合わせを，ア〜エから選びなさい。また，（　C　）にあてはまる語句を答えなさい。技

> 供給曲線は（　A　）の行動を表すもので，価格がPのとき，供給量は需要量より（　B　）ので，価格は下がる。結果として価格は，需要量と供給量の一致するQの価格に落ち着く。このQを（　C　）という。

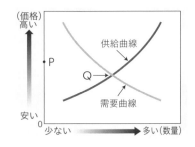

（価格）
高い

P
Q→

安い

供給曲線

需要曲線

少ない　　　　　　多い（数量）

ア　A-生産者　B-多い　　イ　A-生産者　B-少ない
ウ　A-消費者　B-多い　　エ　A-消費者　B-少ない

成績評価の観点　技…資料活用の技能　思…社会的な思考・判断・表現

❷ 次の文を読んで，問いに答えなさい。　　　　　　　　　　　　　　60点

> _a企業には，国や地方公共団体が営む（　Ｘ　）と，_b株式会社などの，（　Ｙ　）を目的として経済活動を行う私企業がある。私企業は最近，_c社会に対して積極的に果たすべき役割が期待されるようになった。
>
> 　また，経済活動の結果，単独あるいは少数の企業が_d市場を支配することもある。

(1)　文中の（　Ｘ　）・（　Ｙ　）にあてはまる語句を，それぞれ答えなさい。

(2)　下線部ａについて，新しいアイデアや技術をもとに革新的な事業展開をしている中小企業を何といいますか。

(3)　下線部ｂについて，右の図はその仕組みを大まかに示したものです。図中のＡ～Ｅにあてはまる語句を，説明を参考にして，それぞれ答えなさい。[技]

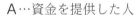

　Ａ…資金を提供した人

　Ｂ…株式会社が発行した証書　　Ｃ…（　Ｙ　）の一部

　Ｄ…会社の決定の方針や役員選出を行う場

　Ｅ…ＡにＢの売買や分配金の支払いを行う会社

(4)　下線部ｃについて，このことを，「企業の（　　　　）」といいます。（　　　　）にあてはまる語句を書きなさい。

(5)　下線部ｄについて，問いに答えなさい。

　① [記述] 少数の企業による市場支配が進むと，消費者はどのような不利益をこうむりやすいと考えられますか。[思]

　② ①のようなことが起こらないようにするため，市場での自由で公正な競争をうながすための法律と，その法律に基づいて企業を監視する機関を，それぞれ答えなさい。

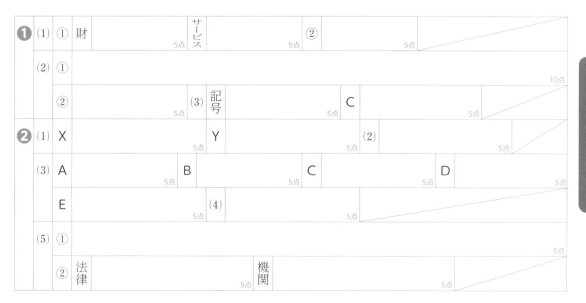

❶ 次の問いに答えなさい。 20点

> 企業で働く労働者には，憲法で労働基本権が保障され，_aさまざまな法律が定められている。また，_b労働環境が変化し，_c課題も見られるようになった。

(1) 下線部aについて，次のような労働条件の最低基準を定めている法律を何といいますか。

> ・労働時間は1日8時間，1週間で40時間以内とする。

(2) 下線部bについて，労働時間を短くして，仕事と生活を両立させようとする考え方を何といいますか。

(3) 記述 下線部cについて，資料Ⅰ，Ⅱから読み取れる非正社員の特徴について，正社員と比較して，それぞれ簡単に書きなさい。思

資料Ⅰ 雇用形態別労働者の割合の推移

資料Ⅱ 正社員と非正社員の年齢別平均年収

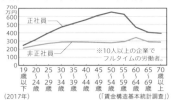

❷ 次の問いに答えなさい。 40点

(1) 企業が経営に必要な資金を株式や社債を発行して得る金融の方法を何といいますか。

(2) 次の①～③の日本銀行の役割をそれぞれ何とよんでいますか。
① 紙幣の発行　　② 政府のお金の出し入れ　　③ 一般の銀行のお金の出し入れ

(3) 主に不景気（不況）のとき，物価が下がり続ける現象を何といいますか。

(4) 日本銀行の金融政策に関して述べた次の文中の①，②の（　）内からあてはまる語句を選び，それぞれ記号で答えなさい。技

> 景気が悪いとき，日本銀行は，銀行など金融機関を対象に国債などを①（ア 購入　イ 売却）し，市場に出回る通貨量を②（ウ 増や　エ 減ら）そうとする。

(5) 1ドル＝100円が，1ドル＝80円になることを何といいますか。

(6) 円安のときの状況を述べたものを2つ選んだ組み合わせとして正しいものを選びなさい。技
　a 輸出が有利になる。　　　　　b 輸入が有利になる。
　c 外国からの旅行者が増える。　d 日本から海外への旅行が有利である。
　ア aとc　　イ aとd　　ウ bとc　　エ bとd

成績評価の観点　技…資料活用の技能　思…社会的な思考・判断・表現

❸ 次の文を読んで，問いに答えなさい。 40点

政府は，ₐ税金で収入を得ている。政府の重要な役割は，ᵦ歳出を通じて，第一に道路などの（　Ａ　）の整備や，警察，教育などの（　Ｂ　）サービスの提供を行うことである。第二に，ₔ社会保障サービスなどで，経済格差を是正する所得の（　Ｃ　）を行うことである。第三にₔ財政政策を行うことである。

(1) 文中の（　Ａ　）～（　Ｃ　）にあてはまる語句を，それぞれ漢字で書きなさい。

(2) 下線部ａについての説明として正しいものを，ア～ウから選びなさい。

　　ア　納税者と負担者が同じ税金を間接税，一致しない税金を直接税という。

　　イ　所得税は，所得が多くなればなるほど税率が高くなる累進課税の方法がとられている。

　　ウ　消費税は，所得の少ない人ほど所得に占める税負担の割合が低くなる傾向がある。

(3) 下線部ｂについて，右の表は国の歳出の内訳について，2000年度と2020年度を比べたものです。表中のＺにあてはまる項目を，ア～ウから選びなさい。技

　　ア　公共事業関係費　　イ　国債費

　　ウ　社会保障関係費

項目	2000年度	2020年度
地方交付税交付金	16.7%	15.2%
Ｘ	13.3	6.7
文教及び科学振興費	7.7	5.4
Ｙ	24.0	22.7
防衛関係費	5.5	5.2
Ｚ	19.7	34.9
その他	13.1	9.9

（「日本国勢図会」2020/21年版）

(4) 記述 下線部ｃについて，少子高齢化にともなう社会保障制度の課題を，「負担」という語句を使って簡単に書きなさい。思

(5) 下線部ｄについて，次のａ～ｄの政策のうち，景気を回復させるための政策の組み合わせとして最も適当なものを，ア～エから選びなさい。技

　　ａ　政府の歳出を増やす　　ｂ　政府の歳出を減らす　　ｃ　増税する　　ｄ　減税する

　　ア　ａとｃ　　イ　ａとｄ　　ウ　ｂとｃ　　エ　ｂとｄ

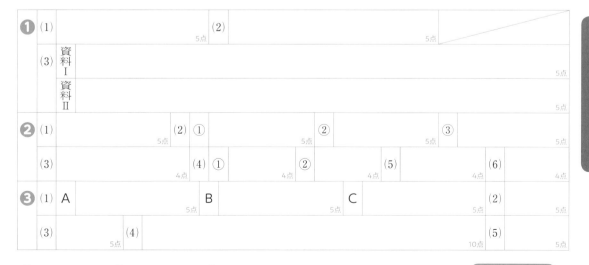

❶	(1)		(2)		
			5点		5点
	(3)	資料Ⅰ			5点
		資料Ⅱ			5点

❷	(1)		(2)①		(2)②		(2)③	
		5点		5点		5点		5点
	(3)		(4)①		(4)②		(5)	(6)
		4点		4点		4点	4点	4点

❸	(1)	Ａ	Ｂ	Ｃ	(2)
		5点	5点	5点	5点
	(3)		(4)		(5)
		5点		10点	5点

第5章 地球社会と私たち
終章

❶ 次の文を読んで，問いに答えなさい。 40点

> 現在，世界には190余りの国がある。国として成り立つには，そこに住む国民，ₐ領域，他国の支配や干渉を受けず，他国と対等である（ A ）の三つの要素が必要である。国どうしがたがいに（ A ）を尊重し合うために，条約や国際慣習法などの（ B ）に基づいて，国際協調が求められている。世界のほとんどの国が加盟しているᵦ国際連合は，世界の平和と安全を維持するために，さまざまな活動を行っている。

(1) 文中の（ A ）・（ B ）にあてはまる語句を，それぞれ答えなさい。

(2) 下線部aについて，領域を示した右の図を見て，問いに答えなさい。

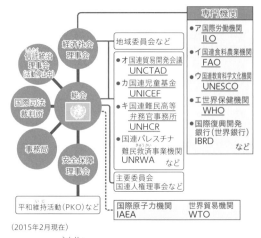

① 図中のア～エのうち，領空の範囲を示したものを選び，記号で答えなさい。[技]

② 図中のCで示した水域は，沿岸国に水産資源や海底資源を利用できる権利が認められています。この水域を何といいますか。

(3) 下線部bについて，国際連合のしくみを示した右の図を見て，問いに答えなさい。

① [記述] 図中の安全保障理事会の常任理事国には拒否権があります。この拒否権とはどのような権限か，「1か国」と「決定」という語句を使って，簡単に書きなさい。[思]

② 次のx～zにあてはまる機関を，図中のア～キから1つずつ選び，記号で答えなさい。

  x 発展途上国の子どもたちに，健康衛生に関する援助や教育・職業訓練を行う。

  y 感染症対策など，人々の健康の維持と増進に取り組む活動を行う。

  z 世界遺産の決定や文化財保護，識字教育などの活動を行う。

③ 図中のPKOについて説明しているものを，ア～ウから選びなさい。

  ア 紛争地域での停戦や選挙の監視などを行っている。

  イ 子どもの権利条約を採択するなど，国際的な人権保障に取り組んでいる。

  ウ 世界の難民の支援のために活動している。

成績評価の観点 [技]…資料活用の技能 [思]…社会的な思考・判断・表現

❷ **次の文を読んで，問いに答えなさい。** 10点

> 現在，世界ではグローバル化が進み，ヨーロッパ連合（EU），東南アジア諸国連合（ASEAN）など_a地域統合の動きがおこっている。一方で南北問題や_b南南問題もある。

(1) 下線部aについて，右のグラフは，EU，ASEAN，NAFTA（現在のUSMCAの前身），日本を比べたものです。グラフのX，Y，Zの組み合わせとして正しいものを，ア～エから選びなさい。技

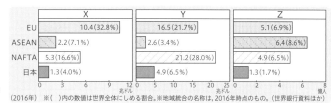

	X	Y	Z
EU	10.4(32.8%)	16.5(21.7%)	5.1(6.9%)
ASEAN	2.2(7.1%)	2.6(3.4%)	6.4(8.6%)
NAFTA	5.3(16.6%)	21.2(28.0%)	4.9(6.5%)
日本	1.3(4.0%)	4.9(6.5%)	1.3(1.7%)

(2016年) ※（ ）内の数値は世界全体にしめる割合。※地域統合の名称は，2016年時点のもの。（世界銀行資料ほか）

ア　X–貿易額　Y–人口　Z–国内総生産　　イ　X–国内総生産　Y–貿易額　Z–人口
ウ　X–貿易額　Y–国内総生産　Z–人口　　エ　X–国内総生産　Y–人口　Z–貿易額

(2) 下線部bについて，右の表は各国の1人あたり国民総所得（GNI）を示しています。ア～エから南南問題にあたるものを選び，記号で答えなさい。技

ア　①と②の経済格差
イ　①と③の経済格差
ウ　②と③の経済格差
エ　③と④の経済格差

	国名	地域	1人あたり国民総所得（ドル）
①	アメリカ合衆国	北アメリカ	61,247
②	ドイツ	ヨーロッパ	45,923
③	サウジアラビア	アジア	21,239
④	ニジェール	アフリカ	369

(2017年) （「世界国勢図会」2019/20年版）

❸ **地球環境問題に関する次のA～Cの資料を見て，問いに答えなさい。** 15点

A　立ちがれた森林

B　砂にうもれた家

C　後退する氷河

(1) A～Cと関係の深い環境問題を，ア～エから選びなさい。
ア　オゾン層の破壊　　イ　砂漠化　　ウ　地球温暖化　　エ　酸性雨

(2) 地球温暖化防止への国際的な取り組みについて説明した次の①，②はそれぞれ何ですか。
① 1997年に採択したもので，温室効果ガスの排出量削減を先進国に義務付けただけでなく，その目標を初めて数値で定めた。
② 2015年に採択したもので，自ら温室効果ガスの排出量削減の目標を設定し，その目標達成のために努力していくことをすべての締約国に義務付けた。

定期テスト予想問題

④ 次の文を読んで，問いに答えなさい。 35点

> 今，地球では，環境問題や_a資源・エネルギー問題，_b貧困問題などがある。地域紛争や_cテロリズムなど「新しい戦争」とよばれる問題も起こっている。これらの問題を解決し，（　A　）な社会を実現するためには，文化の多様性を守り，一人一人の人間の生命や人権を大切にする「（　B　）」の考え方で，平和と安全を実現することが求められている。

(1) 文中の（　A　）・（　B　）にあてはまる語句を，それぞれ答えなさい。

(2) 下線部aについて，問いに答えなさい。

　① 世界で最も多く使われている石炭，石油，天然ガスなどの燃料を何といいますか。

　② 再生可能エネルギーの利点と課題について，それぞれ答えなさい。

(3) 下線部bについて，その解決のため，途上国の農産物や製品を，その国の人々の労働に見合う適正な価格で取引しようとする運動が行われています。この運動を何といいますか。

(4) 下線部cについて，2001年9月11日のアメリカ同時多発テロが原因で起こった戦争を，ア～エから選びなさい。

　ア　イラク戦争　　イ　湾岸戦争　　ウ　第四次中東戦争　　エ　朝鮮戦争

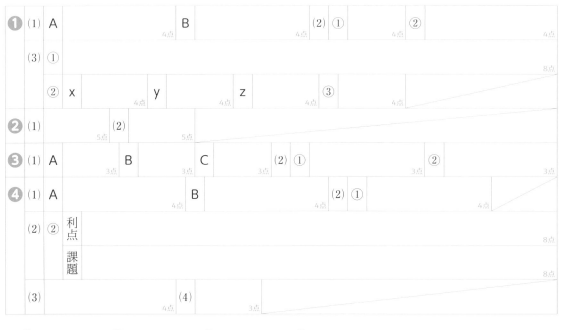

教科書ぴったりトレーニング
〈全教科書版・中学社会公民〉
この解答集は取り外してお使いください。

解答集

第1章 現代社会と私たち

p.6　ぴたトレ1
1. ①少子化　②平均寿命（へいきんじゅみょう）　③高齢化（こうれい）
　④核家族（かく）　⑤単独　⑥社会保障
2. ⑦情報通信技術　⑧人工知能　⑨電子マネー
　⑩情報リテラシー

p.7　ぴたトレ2
1. (1)①合計特殊出生率（とくしゅしゅっしょう）　②少子高齢
　(2)X ×　Y ×　(3)核家族世帯
2. (1)(例)情報を適切に選択，活用する力。
　(2)ウ

書さトレ！ (例)年少者の割合が減少し，高齢者の割合が増加している。

考え方
1. (1)①合計特殊出生率とは，女性1人あたりが生む子どもの数のことで，2019年は1.36である。（総務省資料より）
②少子高齢社会が進むと，65歳以上の高齢者の人口にしめる割合が増え，出生率の低下により，人口は減少する。
(2)X 日本では社会保障費は増大している。
Y 共働き世帯は近年増加し，保育所に入れない児童(待機児童)が発生している。
(3)戦後，夫婦または親と子の核家族世帯が増加したが，近年は，一人暮らしである単独世帯の割合が増加している。
2. (1)情報を適切に選択することと，情報を活用することの二つが内容として書かれていれば正解。「リテラシー」とは，「物事を正確に理解し，適切に活用する能力」という意味である。
(2)情報モラルとは，情報を正しく利用していく態度のことで，ウがあてはまるので正解となる。

書さトレ！ グラフから，年少者の割合が減少していること，高齢者の割合が増加していることを読み取ろう。

p.8　ぴたトレ1
1. ①将来　②持続可能性　③大震災（だいしんさい）　④参画
2. ⑤情報　⑥国際競争　⑦国際分業　⑧自給率
　⑨国際協力

p.9　ぴたトレ2
1. (1)持続可能な社会　(2)社会参画　(3)エ
2. (1)①競争　②分業
　(2)(例)人や商品，お金，情報などが国境などをこえて世界的に移動すること。

書さトレ！ (例)韓国・朝鮮籍（かんこく・ちょうせんせき）の人の数は減少，中国籍の人の数は増加している。

考え方
1. (1)持続可能な社会の実現のために，人権，防災（かん），環境，平和など解決すべき課題がある。
(3)町での清掃活動は生活環境を守る活動になるので，エの環境・エネルギーが正解。アは災害対策，復興，交通安全や防犯対策に関すること，イは電子技術や情報技術，インターネットに関すること，ウは差別や人権侵害（しんがい），戦争や紛争（ふんそう）に関することをいう。
2. (1)国際分業は効率的な生産には適しているが，輸入相手国で何か起きてその商品を輸入できなくなった場合，国内で商品を手に入れることができなくなる可能性もある。
(2)グローバル化とは，人や商品や情報が，国境をこえて世界的に移動することをいう。

書さトレ！ グラフから，2000年以降の韓国・朝鮮籍の人は減少していること，中国籍の人は増加していることを読み取ろう。近年は，観光においても訪日中国人は増加している。

p.10　ぴたトレ1
1. ①科学　②宗教　③芸術　④年中行事
　⑤アイヌ文化　⑥琉球文化（りゅうきゅう）　⑦文化財保護
2. ⑧文化遺産　⑨ダイバーシティ
　⑩多文化共生

① (1)①芸術　②伝統文化　(2)エ　(3)沖縄県
② (1)ウ　(2)ユニバーサルデザイン

書きトレ！ (例)日本語のわからない外国人にとって，暮らしやすい環境を整え，多文化共生のまちづくりを目指すため。

考え方
①(1)①文化には，科学，宗教，芸術などがあり，芸術は，人生を豊かにするのに役立つ。
②長い歴史の中で受け継がれた歌舞伎，冠婚葬祭などを伝統文化という。
(2)アの七夕は短冊を笹にかざる行事，イの端午の節句は男子の成長を祈る行事，ウの七五三は7歳，5歳，3歳の子どもの成長を祈る行事。
②(1)2013年12月に「和食」がユネスコの無形文化遺産に登録された。無形文化遺産とは，美術品のように形はなくても，土地の歴史や生活風習などと密接に関わっているもののことである。世界で和食に対する関心が高まる中，各地域の海や山の素材を生かし，自然の美しさや季節を表現するとともに，栄養バランスが良く正月などの年中行事に密接に関わりのある点から登録された。
(2)ユニバーサルデザインは，障がいのある人もふくめてすべての人に使いやすいデザインを目指している。

書きトレ！ この事例が，多文化共生を目指した取り組みであることに触れていれば正解。

1 ①家族　②地域社会　③学校(部活動)
④社会的存在　⑤対立　⑥合意
2 ⑦決まり　⑧責任　⑨全会一致
⑩少数意見の尊重

① (1)資料Ⅰ：地域社会　資料Ⅱ：家族　(2)ウ
② (1)①対立　②義務　(2)代表者

書きトレ！ 長所：(例)一定の時間内で決定できる。
短所：(例)少数意見が反映されにくい。

考え方
①(1)資料Ⅰの地域社会とは，社会的ルールを身につけ，暮らしを支え合う社会集団のこと。資料Ⅱの家族とは，生まれて最初に属する最も身近な社会集団のことをいう。

(2)資料Ⅰは地域社会なので，ウが正解。アは家族，イは学校についての説明。
②(1)①②人間はそれぞれ考え方が異なるので，対立が生じることがある。そのため事前に決まり(ルール)を作っておくことが大切で，決まりを作るときには，義務や責任を明らかにすることが必要である。
(2)決定の仕方には，一人で決める，みんなで決める，代表者が決めるなどがある。全員一致の場合，反対意見があると決まらないので時間がかかるおそれがある。また，代表者が一人で決める場合，すばやく決めることはできるが，不満が出る可能性がある。

書きトレ！ 多数決で決めた場合，少数意見の持ち主は多数の意見に従うことになるので，少数意見を十分にきき，尊重することが必要である。

1 ①納得　②公正
③無駄
④全体(みんな)
⑤手続き
⑥結果

⚠ミスに注意
効率と公正
◆意味と内容をおさえよう

| 効率 | 無駄を省くという意味。 |
| 公正 | 特定の人が不利な扱いを受けないという意味。 |

2 ⑦実態　⑧方法
⑨立場　⑩共生社会

① (1)①合意　②機会　(2)A公正　B効率
② (1)Xイ　Yア　Zウ

書きトレ！ (例)効率と公正の視点でみんなが納得できる解決策を考え，合意を導く。

考え方
①(1)①合意を目指すには，自分の意見だけではなく，相手の話をよく聞く必要がある。
②公正の視点には，手続きの公正さ，機会や結果の公正さがある。
(2)Aは3人にそれぞれ3個ずつ平等に分けているので，公正という考えになる。Bは無駄がないように(あまりがでないように)分けているので，効率という考え方。
②(1)Xは，目的を実現するための手段を問うているので，イが正解。Yは，立場が変わっても受け入れられるかを問うているので，アが正解。Zは，決まりを作る過程が適切

かを問うているので，**ウ**が正解となる。

書きトレ! 資料から，対立を解消して合意を目指す必要がある。合意するには，みんなが納得できる解決策を考える必要があり，その判断基準として，効率と公正がある。

p.16〜17　　　　　**ぴたトレ3**

❶ (1)**A**グローバル　**B**共生
　(2)①エ　②イ　③ア
　(3)①○　②×　③×　④○

❷ (1)**A**ウ　**B**イ　**C**エ　(2)ア
　(3)少数意見

❸ (1)**A**2060年　**B**1960年　社会：少子高齢社会
　(2)ア，ウ(順不同)
　(3)(例)(現役世代一人あたりの負担は)重くなる。　(4)科学
　(5)琉球文化

考え方

❶ (1)現代では，グローバル化の進展によって，異なる文化を持つ人々が共生する，多文化共生社会となっている。
　(2)①のAIとは人工知能のことで，**エ**が正解。人工知能の技術は1950年代から研究が続いていたが，近年，ディープラーニングという，コンピューターが人間の脳と似た働きをもって自ら学習する機能を備えるようになって大きく発展した。現在，AIは，ビッグデータの活用や自動運転技術，部屋にいる人数や室温に応じて風向きや温度を変えるエアコンなどの高度な判断を必要とする操作への応用が進んでいる。
　②の情報リテラシーとは，情報を適切に選択し，利用する能力のことで，**イ**が正解。
　③の情報モラルは，**ア**が正解。情報リテラシーは，情報を正確に理解し活用する「能力」の問題，情報モラルは情報に対する「態度」の問題でそれぞれ意味や使う場面が異なるのでしっかり理解しよう。
　ウは電子マネーの説明である。
　(3)②グラフより，2017年の日本で暮らす外国人で最も多い国籍は中国なので誤り。
　③グラフより，ブラジル籍の人々が増えてきたのは1990年代前半だとわかる。このころ，日系ブラジル人を中心に受け入れが進んだ。2000年ごろはあまり人数の変化はな

く，2010年代に入ると減少しているので誤り。
　④グラフより，中国や韓国，ベトナムやフィリピンの人々の割合を合わせると半数を超えているので正しい。

❷ (2)公正とは，特定の人が不利なあつかいをうけないようにする考え方で，手続きの公正さや機会の公正さや結果の公正さがある。**イ**，**ウ**，**エ**の内容は公正の内容として正しい。**ア**は，無駄を省くという効率の説明となるので，内容として誤っている。
　(3)多数決とは，多くが賛成する案を採用することをいう。長所としては一定時間内で決められるが，短所としては少数意見が反映されにくい。そのため，多数決の際には，少数意見を尊重する必要がある。

❸ (1)**資料Ⅰ**の**A**は2060年，**B**は1960年，**C**は2015年のグラフとなる。**資料Ⅰ**の**C**を見ると，子どもの数は減り，高齢者の数が増えており，少子高齢社会となっている。
　(2)核家族とは，夫婦のみまたは夫婦と子どもの世帯を指すので，**ア**と**ウ**が正解。**イ**は一人暮らしである単独世帯で，近年はその割合が増加している。
　(3)**資料Ⅱ**より，2010年度は2.6人で一人の高齢者を支えているが，2050年では1.2人で一人の高齢者を支える必要があり，現役世代の負担が重くなる。
　(5)琉球文化とは，沖縄や奄美群島の人々によって受け継がれてきた文化のこと。エイサー(舞踏)やチャンプルー(炒め物)，**資料Ⅳ**の紅型(染物)などがある。

単元のココがポイント!

現代社会の特色として「グローバル化」，「情報化」，「少子高齢化」を，私たちの生活と文化では「多文化共生」を，現代社会の見方と考え方として「効率」，「公正」をしっかりとおさえておこう。

第2章 個人の尊重と日本国憲法

p.18 **ぴたトレ1**

1 ①政治　②政治権力　③専制政治
④民主主義　⑤多数決

2 ⑥憲法　⑦立憲主義　⑧基本的人権
⑨法の支配　⑩権力分立

p.19 **ぴたトレ2**

❶ (1)ウ　(2)①○　②×

❷ (1)イ　(2)Xイ　Yア　Zウ

書きトレ! (例)法の支配では，政治活動と政治権力が
法による制限を受けている。

考え方

❶ (1)アはかつて行われていた専制政治である。
イのうち，一人で決めるのは独裁政治であ
る。民主政治には，ウのようにみんなで話
し合うプロセスが欠かせない。
(2)①多数決を行うときには少数意見の尊重が
欠かせない。②議論することによって議題
への理解が深まり，意見が変わることもあ
るので，多数決を行うさいにも議論は行う
べきである。

❷ (1)立憲主義は，権力のいきすぎをおさえるた
め，憲法に基づいて政治を行うという考え
方である。
(2)資料は，法の構成を表している。最高法規
とは，憲法に反する法律や命令は効力を持
たないという考え。そのため，上からXは
憲法，Yは法律，Zは命令の順番となる。

書きトレ! 法の支配とは，国家(権力者)や国民は法に
よって支配されるという考えである。その
ため，政治権力が法により支配(制限)され
るという内容が書けていれば正解となる。

p.20 **ぴたトレ1**

1 ①大日本帝国　②天皇　③日本国
④国民　⑤基本的人権　⑥平和主義

2 ⑦民主主義

⚠ミスに注意

◆天皇の地位について，**大日本帝国憲法と日本国憲法の違いを押さえよう。**

⑧発議

⑨象徴

⑩国事行為

大日本帝国憲法	国の統治権を持つ元首
日本国憲法	日本国・日本国民統合の象徴

p.21 **ぴたトレ2**

❶ (1)①1946　②国民主権
(2)アA　イA　ウA　エB

❷ (1)議会制民主主義(間接民主制)
(2)ウ→ア→イ　(3)イ

書きトレ! (例)憲法は国の最高法規なので，改正に主
権を持つ国民の判断が必要となるため。

考え方

❶ (1)①日本国憲法は，1946年11月3日(文化の
日)に公布され，翌年の1947年5月3日
(憲法記念日)に施行された。
②日本国憲法の三つの基本原理は，国民主
権，基本的人権の尊重，平和主義である。
(2)ア・イ・ウは大日本帝国憲法の内容である。
エは日本国憲法が定めた三つの国民の義務
のうちの一つ。

❷ (2)日本国憲法改正の手続きの流れをおさえよ
う。衆議院・参議院のそれぞれ総議員の3
分の2以上の賛成により発議され，国民投
票により有効投票の過半数の賛成が得られ
ると，日本国憲法が改正される。その後，
天皇が国民の名により公布する。そのため，
正解はウ→ア→イの順番となる。
(3)天皇が国事行為を行うためには，内閣の助
言と承認が必要になるため，イが正解とな
る。

書きトレ! 日本国憲法の改正には，国民投票が必要で
ある。なぜなら，国の最高法規である日本
国憲法の改正には，主権者である国民の判
断が必要だからである。そのため，国民の
判断(賛成)が必要であるという内容が書け
ていれば正解。

p.22 **ぴたトレ1**

1 ①人権(基本的人権)　②独立宣言
③人権宣言　④ロック　⑤モンテスキュー
⑥ルソー　⑦社会権

2 ⑧自由権　⑨経済活動　⑩信教　⑪表現
⑫令状(逮捕状)

p.23 **ぴたトレ2**

❶ (1)①独立宣言　②ワイマール　(2)ア　(3)ウ

❷ (1)経済活動の自由　(2)精神の自由
(3)身体の自由

書きトレ! (例)表現の自由(精神の自由)を侵害してい
る。

① (1)①人権思想の発達により個人の自由や平等な権利が主張され，独立宣言や人権宣言の中に取り入れられた。
②ワイマール憲法は，1919年にドイツで制定された。
(2)アはロックの説明のため正解。イはルソーの説明，ウはモンテスキューの説明である。
(3)アはアメリカ独立宣言，イはワイマール憲法の内容である。ウが正解。

② (1)は職業選択の自由で経済活動の自由，(2)は学問の自由で精神の自由，(3)は逮捕・拘禁などに関する保障で身体の自由にそれぞれあてはまる。

書きトレ! 日本国憲法では，表現の自由を保障しており，国が事前に本などの内容を確認する検閲を禁止している。教科書検定は，検閲にあたるものではない。ただし，資料において，家永氏の教科書に対する改善・修正意見の中に，文部省の裁量を逸脱したものがあり，裁判で違法と認められたということを読み取る。問題点として，表現(精神)の自由を侵害するものであったという内容が書けていればよい。

---

p.24 **ぴたトレ1**

1 ①平等権　②雇用機会均等
③共同参画社会基本　④バリア
⑤ユニバーサル

2 ⑥同和　⑦全国水平社　⑧解消推進
⑨施策推進(民族支援)　⑩植民地

---

p.25 **ぴたトレ2**

① (1)雇用機会均等
(2)(例)対等な立場で活躍する

② (1)①平等権　②基本的人権　③同和　(2)ウ
(3)アイヌ施策推進法(アイヌ民族支援法)

書きトレ! (例)各年代の女性の賃金が男性の賃金より低い傾向にある。

① (1)資料は，1985年に制定された男女雇用機会均等法である。男女雇用機会均等法とは，雇用における男女の平等を目指した法律。
(2)男女共同参画社会基本法とは，男女が対等に社会に参画し活動できることを目指す法律である。対等(または平等)な立場で活躍すると書かれていれば正解。

---

② (1)①すべての人間が平等なあつかいを受ける権利を平等権という。　②憲法では，三つの基本原理の一つである，基本的人権の尊重が保障されている。基本的人権の土台となる考えが，個人の尊重と法の下の平等(平等権)である。　③被差別部落出身者(江戸時代のえた・ひにんの身分)に対する差別を，同和問題という。

(2)全国水平社は，部落解放運動により1922年の大正時代に設立された。平成時代に設立されたのではないので，アの内容は間違い。アイヌの伝統的な文化や風習は，明治時代に禁止されていた。1997年のアイヌ文化振興法は，アイヌ文化の振興と伝統を尊重するために制定された。アイヌ民族の伝統は長年尊重されてはこなかったので，イの内容は間違い。在日韓国・朝鮮人の中には，日本の韓国併合(1910年)以降の日本の植民地支配の時代に日本へ移住した人々やその子孫も多いので，ウの内容は正しい。

(3)明治時代以降，同化政策がとられた結果，アイヌの人々の民族としての誇りがふみにじられてきたが，この法律の制定以後，アイヌの人々の誇りが尊重される社会の実現をめざしている。

書きトレ! 資料は，男女の年齢別賃金である。男女の賃金を比べてみると，各年代の賃金が男性よりも女性の方が低くなっていることがわかる。

---

p.26 **ぴたトレ1**

1 ①社会権　②生存権　③教育基本　④団結権

2 ⑤参政権　⑥選挙権　⑦請願権　⑧請求権
⑨裁判を受ける権利　⑩国家賠償請求権

---

p.27 **ぴたトレ2**

① (1)①文化的　②勤労　(2)ウ

② (1)①被選挙権　②最高　(2)ア
(3)国家賠償請求権

書きトレ! (例)教育を受ける権利を守る

① (1)①憲法第25条の空欄補充問題である。「第25条　すべて国民は，健康で文化的な最低限度の生活を営む権利を有する。」という，条文の中から，文化的という語句が書ければ正解。

②憲法第27条に「すべて国民は，勤労の権利を有し，義務を負う。」と規定されていることから仕事に就いて働くことを意味する勤労という語句が書ければ正解。憲法の空欄補充問題はよく出題されるので，確認しておこう。

(2)労働基本権(労働三権)とは，労働者(勤労者)に認められた権利で，団結権，団体交渉権，団体行動権の三つがある。**ア**の団結権とは，労働者が自らの利益を守るため労働組合をつくること。その労働組合が，労働条件の改善を求めて使用者と対等に交渉を行うことが，**イ**の団体交渉権。そして，その話し合いが決裂したときは，その要求の実現のために労働者らがストライキを行う権利を，**ウ**の団体行動権という。

②(1)①被選挙権とは，選挙に立候補できる権利のこと。
②最高裁判所裁判官の国民審査とは，その裁判官が適任であるかどうか，国民の投票により直接判断する制度である。国民審査による投票で，罷免を可とする票が過半数であれば，その裁判官をやめさせることができる。

(2)国民の選挙権は，2016年より満18歳以上の男女に認められており，**ア**が正解。**イ**は，2016年以前の選挙権の年齢，**ウ**は，衆議院議員や地方議会議員の被選挙権の年齢。

(3)国家賠償請求権や刑事補償請求権，裁判を受ける権利は，憲法で定められている人権の保障を確実にするために必要な権利である。

書きトレ! 資料は，病院に入院しているため，学校に通えない小・中学生のために設置された院内学級である。憲法第26条では，すべての国民について教育を受ける権利が保障されているので，それを保障するため，院内学級が設置されている。よって，教育を受ける権利を守る(保障する・実現する)という内容が書ければ正解となる。

---

p.28　ぴたトレ1

1 ①幸福追求　②知る権利
③情報公開　④プライバシーの権利
⑤表現　⑥個人情報保護

2 ⑦環境権　⑧アセスメント
⑨自己決定権　⑩コンセント

---

p.29　ぴたトレ2

1 (1)①情報公開　②マスメディア
③プライバシー
(2)(例)直接的に憲法で保障されていない
(3)イ

2 (1)ウ

書きトレ! (例)日照権(環境権)に配慮する必要があるから。

考え方

1 (1)①役所が持つ情報の開示を求めるしくみを，情報公開制度という。　②マスメディアとは，新聞，雑誌，ラジオ，テレビなどの，情報を大量に発信する媒体のこと。　③私生活を干渉されないというプライバシーの権利は，知る権利によって侵害されることがあるので，ともに新しい人権である両者の関係が問題となる。

(2)新しい人権は，憲法上直接的な規定はないが，社会の変化により主張されるようになった権利のこと。「直接的に憲法で保障されていない」という内容が書かれていれば正解。

(3)**ア**根拠がない場合はニュースが間違っている可能性があるので誤り。**イ**自分の住所や写真などの個人情報をネット上でだれでも見られる状態にすると，思わぬ被害を受けることがあるので気を付ける。正しい。**ウ**送信者に心あたりのないメールは悪質なものもあるのですぐに開かない。誤り。

2 (1)新しい人権には，環境権，自己決定権，知る権利，プライバシーの権利がある。**ア**は，環境権の内容，**イ**は，プライバシーの権利の内容，**ウ**は，自己決定権の内容となる。そのため，自己決定権の説明は，**ウ**が正解。

書きトレ! 日照権とは，建物の日当たりを確保する権利のこと。そのため，「日照権に配慮する」という内容が書かれていれば正解。

---

p.30　ぴたトレ1

1 ①人権宣言　②国際人権規約
③女子　④児童(子ども)の権利
⑤障害者　⑥NGO

2 ⑦公共の福祉　⑧精神　⑨普通教育　⑩納税

◆ (1)世界人権宣言　(2)国際人権規約
　　(3)児童(子ども)の権利条約　(4)イ
◆ (1)社会全体の利益　(2)イ　(3)エ

書きトレ！ (例)憲法が，国民の人権を守るためのもの
　　　　　であるから。

考え方
◆ (1)資料は，1948年に国際連合で採択された世
　　　界人権宣言の一部である。
　　(2)国際人権規約は，経済的，社会的，文化的
　　　権利に関する国際規約と，市民的，政治的
　　　権利に関する国際規約からなっている。日
　　　本は1979年に批准した。
　　(3)児童(子ども)の権利条約では，子どもの生
　　　きる権利，育つ権利，守られる権利，参加
　　　する権利を保障している。
　　(4)アのPKOは，国連平和維持活動の略称。
　　　イのNGOは，非政府組織の略称。ウの
　　　ICTは，情報通信技術の略称。イが正解と
　　　なる。
◆ (1)公共の福祉とは，社会全体の(みんなの)利
　　　益のことで，それによって個人の権利が制
　　　限されることがある。憲法第12条では，国
　　　民に自由及び権利を認めているが，「国民は，
　　　これを濫用してはならないのであって，常
　　　に公共の福祉のためにこれを利用する責任
　　　を負う。」とあるため，空欄には，公共の福
　　　祉の説明となる，「社会全体の利益」という
　　　内容が書けていれば正解。
　　(2)資料は，不備な建築の禁止を示している。
　　　住居は個人の財産となるが，憲法29条の②
　　　に「財産権の内容は，公共の福祉に適合す
　　　るように，法律でこれを定める。」とあり，
　　　公共の福祉によって建築基準法という法律
　　　で制限される。
　　(3)国民の三大義務とは，アの子どもに普通教
　　　育を受けさせること，イの納税，ウの勤労
　　　である。エの兵役とは，一定の年齢になっ
　　　たら，兵隊に参加する義務のことで，日本
　　　国憲法では，兵役の義務は定められていな
　　　いので，国民の義務にはあてはまらない。

書きトレ！ 日本国憲法では，国民の義務よりも，国民
　　　　　の権利のほうが，多く規定されている。そ
　　　　　れは，憲法という性質上，個人の尊重を大
　　　　　切な価値とした，基本的人権の内容が中心
　　　　　となっているからである。そのため，「憲
　　　　　法は，国民の人権を(権力から)守る」とい
　　　　　う内容が書けていれば正解。

1 ①平和　②9　③もたず　④戦争　⑤戦力
　⑥交戦権　⑦自衛
2 ⑧日米安全保障　⑨集団　⑩平和維持

◆ (1)①平和主義　②9
　　(2)戦力　(3)ウ
◆ (1)ウ

書きトレ！ (例)日本国内のアメリカ軍専用施設の面積
　　　　　の大部分を沖縄県が占めていること。

考え方
◆ (1)①②平和主義は，戦争を放棄し，戦力を持
　　　たず，交戦権を認めないという考え。憲法
　　　第9条に規定されている。
　　(2)憲法第9条で「陸海空軍その他の戦力は，
　　　これを保持しない」と定められており，日
　　　本政府は，自衛隊は最小限度の実力にあた
　　　るのでこれにはあてはまらないとしている。
　　(3)非核三原則は国内の原則であり，ウの内容
　　　はあてはまらない。
◆ (1)資料は，自衛隊による自然災害の発生時の
　　　救助活動の様子で，ウが正解となる。自衛
　　　隊の活動には，アの日本の防衛や，イの国
　　　際連合の平和維持活動への参加も重要な任
　　　務となっている。

書きトレ！ 資料より，日本国内のアメリカ軍用専用施
　　　　　設の面積に占める沖縄県の割合は70％と
　　　　　なっており，大部分は沖縄県に集中している。

❶ (1)①イ　②社会権(生存権)
　　(2)①A国民主権　B大日本帝国
　　　②P戦争　Q放棄
　　　③(例)主権者から国と国民統合の「象徴」に
　　　　変化した。
❷ (1)①c　②b　③a
　　(2)A健康　B最低　種類：生存権
　　(3)①満18歳以上　②ア，エ(順不同)
❸ (1)(例)社会全体の利益を意味する。
　　(2)A表現　B集会・結社　C職業選択
　　　D財産権　(3)自己決定権

❶ (1)①モンテスキューはフランスの思想家で，著作「法の精神」で三権分立を唱えた。三権分立は日本の政治制度でも採用されている。ロックは，著作「統治二論」で抵抗権を唱え，その後，アメリカ独立宣言やフランス人権宣言に影響をあたえた。②資料Ⅱはワイマール憲法で，世界初の社会権(生存権)を定めた憲法である。

(2)①Aは，日本国憲法の三つの基本原理の一つの国民主権である。Bは，明治時代に制定された大日本帝国憲法である。
②憲法第9条の要点は，戦争を放棄すること，戦力を持たないこと，国の交戦権は認めないことである。そのため，Pは戦争，Qは放棄がそれぞれあてはまる。
③天皇の地位は，大日本帝国憲法では国の統治権を持つ元首(主権者)と規定していたが，日本国憲法では日本国・日本国民統合の象徴に変化したことが書かれていれば正解。

❷ (1)①はcの身体の自由，②はbの経済活動の自由，③はaの精神の自由にあてはまる。
(2)生存権を定めた日本国憲法第25条の条文である。空欄補充でよく出る条文なので，おさえておこう。
(3)①選挙権は，2016年より満18歳以上の国民にあたえられている。②アとエは参政権，イとウは請求権の内容。

❸ (1)公共の福祉とは，社会全体の利益という意味である。その内容が書けていれば正解。
(2)公共の福祉による人権の制限の例をおさえよう。Aは表現の自由により，名誉を傷つけることを禁止している。Bは集会・結社の自由はあるが，デモ行進などで道路を使用する場合は交通の妨害などにならないよう，警察の許可がないとデモは行えない。Cは職業選択の自由はあるが，医師などの資格のないものは営業を禁止している。Dの財産権は保障されているが，不備のある建築は禁止されている。
(3)臓器提供意思表示カードは，死後の臓器の提供を希望するか，あるいは希望しないかという意思を示すカードであり，その人の自己決定権を尊重するものの一つである。

第3章　現代の民主政治

p.36　ぴたトレ1

1 ①政治
②民主政治
③間接民主制
④多数決
⑤少数意見
2 ⑥公職選挙
⑦普通選挙
⑧秘密選挙
⑨小選挙区制　⑩比例代表制

⚠ミスに注意
日本の選挙制度
◆投票の仕方の違いを押さえよう

小選挙区制	人物に投票し，一つの選挙区から一人の議員を選出する。
比例代表制	政党に投票し，獲得した表に応じて議席を配分する。

p.37　ぴたトレ2

❶ (1)ウ　(2)①間接民主制　②直接民主制
❷ (1)①平等選挙　②衆議院
(2)(例)無記名で投票する原則　(3)エ
書きトレ！ (例)一票の価値が低くなっている。

❶ (1)三権分立とは，国の権力を立法・行政・司法の三つの働きに分けて，権力のいきすぎをおさえることである。内閣は行政を担当しきまりに基づいて政治を行うのでアは誤り。国会はきまりをつくるのでイは誤り。裁判所は司法できまりに基づいて争いを解決するのでウは正しい。
(2)①間接民主制とは，選挙により代表者を選び，代表者が議会で決定するしくみ。②直接民主制は，人々が直接話し合いに参加するしくみであるが，全員が集まって話し合いを持つことには限界がある。
❷ (1)①選挙の四つの基本原則として，普通選挙・平等選挙・直接選挙・秘密選挙がある。一人一票は，平等選挙の内容である。②小選挙区比例代表並立制は，衆議院の選挙制度。
(2)秘密選挙とは，投票の際に投票用紙に氏名を書かない(無記名)で投票することをいう。
(3)小選挙区制とは，一つの選挙区で一人の代表者を選ぶ制度。エは小選挙区制の短所の説明となり，正解。アは大選挙区制の説明。イとウは比例代表制の説明。
書きトレ！ 資料より，東京1区と宮城5区を比べると，東京1区のほうが，宮城5区よりも，議員一人あたりの有権者が多いので，一票の価値が低く(軽く)なっていることがわかる。その内容が書かれていれば正解となる。

p.38 ぴたトレ1

1 ①政党　②政党政治　③与党　④野党
⑤連立政権　⑥自民党(自由民主党)
⑦民主党

2 ⑧世論　⑨マスメディア
⑩インターネット　⑪メディア・リテラシー

p.39 ぴたトレ2

1 (1)①政権公約　②連立政権　(2)イ
(3)(例)政権を監視，批判する。

2 (1)(例)社会の問題について，多くの人が共有
している考え。
(2)イ

書きトレ! (例)二大政党制となっている(二つの政党
の議席が大部分を占めている)。

考え方
1 (1)①政権公約とは，選挙の際に多くの政党が
発表する，政権を担当したときに実施する
政策を明記したもの。　②複数の政党で内
閣をつくることを，連立政権(連立内閣)と
いう。
(2)ア政党とは，政治理念や政策について同じ
意見を持つ人たちの集まりなので誤り。ウ
政党は，国民の意見を集めて政治に生かす
働きをするので誤り。
(3)野党は，政権に対するチェック機能を持つ
ため，「政権を監視・批判する」という内容
が書けていれば正解。

2 (1)テレビや新聞などのマスメディアが行う世
論調査は，実際の政治に影響をあたえる。
(2)新聞やテレビの情報を全て正しい，あるい
は間違っていると決めつけずに，いくつか
の情報を比較したり，情報源を確認したり
して，本当に正しい情報か自分で考えて判
断する態度が大切である。よって，ア・ウ
が誤りでイが正しい。

書きトレ! 資料より，ドイツは小党分立(多党制)と
なっているが，イギリスは二つの政党が議
席の大部分をしめている(二大政党制)。

p.40～41 ぴたトレ3

1 (1)直接民主制　(2)議会　(3)少数
2 (1)A平等　B秘密　C期日前
(2)利益団体(圧力団体)
(3)①(例)死票が多くなる。
②P 衆議院　Q 参議院

(4)X 25　Y 30
(5)(例)年代が低くなるほど投票率が低くなっ
ている。

3 (1)①A与党　B野党　②連立政権(連立内閣)
③多党制　④政権公約　⑤政党交付金
(2)新聞：ア　インターネット：エ

考え方
1 (1)資料のように，スイスの一部の州は直接民
主制が採用されている。
(2)間接民主制の別称を，議会制民主主義とい
う。
(3)多数決で決定するときは，少数意見を吟味
する機会をきちんとつくることが大切であ
る。

2 (2)立場や利害を同じくする人々の集まりを利
益団体(圧力団体)という。
(3)①小選挙区制では，当選者は一人のため，
落選者の票はすべて死票となり，死票が多
く出る。　②P小選挙区制が導入されてい
るのは，衆議院。Q全国を一つの選挙区と
する比例代表制は，参議院。
(4)被選挙権の年齢は，参議院議員と都道府県
知事がYの満30歳以上となっており，それ
以外はXの満25歳以上となっている。
(5)資料Ⅰより，「年代が低くなるほど投票率
が低くなる」傾向が見られるので，その内
容が書かれていれば正解となる。

3 (1)①Aは政権を担当する与党，Bは政権を担
当しない野党となる。　②複数の政党で政
権を担当することを，連立政権(連立内閣)
という。　③資料より，日本では複数の政
党が議席を分けているので，多党制といえ
る。④政権を担当したときに実施する政策
を明記したものを政権公約という。　⑤政
党に支給される国からのお金を，政党交付
金という。
(2)アは新聞，イはテレビ，ウはラジオ，エは
インターネットである。

単元のココがポイント!

直接・間接民主制と選挙の4つの原則の種類と内容，
日本の衆議院と参議院の選挙制度(小選挙区制・比例
代表制)の定数や選出方法をおさえよう。

p.42　　ぴたトレ1

1　①立法機関　②二院制　③解散
　　④比例代表
　　⑤常会(通常国会)　⑥臨時会(臨時国会)
　　⑦特別会(特別国会)
2　⑧法律　⑨予算
　　⑩内閣総理大臣　⑪優越

p.43　　ぴたトレ2

❶ (1)X 参議院　Y 衆議院
　　(2)(例)もう一方の議院の行き過ぎを<u>防止</u>する
　　　ため。
❷ (1)X 委員会　Y 公聴会
　　(2)両院協議会　(3)ア

（書きトレ！）(例)衆議院は<u>任期も短く解散もあるので、</u>
　　<u>国民の意見が反映されやすいから。</u>

考え方
❶ (1)X議員定数が少ないのは、参議院。Y任期
　　　の途中で解散があるのは、衆議院。
　　(2)二院制(両院制)を採用しているのは、慎重
　　　に審議できることや、一方の議院の行き過
　　　ぎを防止するという働きがあるため。
❷ (1)本会議の前に、Xの委員会で審議され、Y
　　　の公聴会を開き、専門家等の意見を聞く。
　　(2)衆議院と参議院の意見が異なるときに、意
　　　見を調整するために開く会議のこと。
　　(3)衆議院の優越には、イやウなどがある。

（書きトレ！）衆議院の優越がある理由は、任期が短く解
　　散もあり、より新しい国民の意見が反映さ
　　れるからである。

p.44　　ぴたトレ1

1　①内閣総理大臣(首相)　②条約　③指名
　　④国務大臣
　　⑤議院内閣制　⑥内閣不信任
　　⑦総辞職
2　⑧奉仕者　⑨行政
　　⑩規制緩和

p.45　　ぴたトレ2

❶ (1)①大統領　②閣議
　　(2)X 過半数　Y 責任
　　(3)イ
❷ (1)公務員
　　(2)X ×　Y ○

（書きトレ！）(例)(法律案の提出数が少なく、)法律案の
　　<u>成立した割合が高い。</u>

考え方
❶ (1)①アメリカは大統領制、イギリスや日本は
　　　議院内閣制を採用している。　②行政の運
　　　営を決める内閣の会議を閣議という。
　　(2)Xについて、国務大臣の過半数は国会議員
　　　である。Yについて、議院内閣制とは、内
　　　閣が国会に対して連帯して責任を負うしく
　　　みのこと。
　　(3)アは国会の仕事、ウは天皇の国事行為なの
　　　で誤り。内閣が提出した予算案をもとに国
　　　会で審議が行われるのでイが正しい。なお、
　　　最高裁判所長官の指名は内閣が行うので注
　　　意。
❷ (1)憲法第15条では、公務員は全体の奉仕者で
　　　あり、一部の奉仕者ではないとある。
　　(2)Xは「小さな政府」の説明となるので×。Y
　　　の内容は正しいので○となる。

（書きトレ！）資料より、国会議員提出の法律案よりも、
　　内閣提出の法律案の成立した割合が高いこ
　　とをおさえよう。

p.46　　ぴたトレ1

1　①法　②下級裁判所　③高等裁判所
　　④三審制　⑤控訴　⑥上告　⑦独立
2　⑧原告　⑨検察官　⑩弁護人

p.47　　ぴたトレ2

❶ (1)①最高裁判所　②良心　(2)家庭裁判所
　　(3)(例)裁判を公正に行うため。
❷ (1)X 原告　Y 和解　(2)イ

（書きトレ！）(例)(慎重に裁判を行って)<u>誤った判決を防</u>
　　ぎ、<u>人権を守るため。</u>

考え方
❶ (1)①最高裁判所と下級裁判所があり、下級裁
　　　判所には高等・地方・家庭・簡易裁判所の
　　　4種類がある。　②裁判官は良心に従い憲
　　　法と法律にのみ拘束される。
　　(2)家庭裁判所では夫婦や親子などに関する事
　　　件や少年事件などをあつかい、地方裁判所
　　　と同じく全国に50か所置かれている。
　　(3)裁判を公正に行うための原則の一つである。
❷ (1)民事裁判では、Xの訴えた人を原告、訴え
　　　られた人を被告という。判決以外に、Yの
　　　争いを自主的に解決する和解がある。

(2)ア令状なしに捜索はできないので誤り。ウ
黙秘権は認められているので誤り。

書きトレ! 三審制を採用する理由は，誤った判決を防
ぐため裁判を慎重に行い，人権を守るため
である。

---

p.48 ぴたトレ1

1 ①司法制度　②法テラス　③裁判員制度
④裁判員　⑤えん罪　⑥参加制度

2 ⑦三権分立　⑧国民審査　⑨違憲審査制度
⑩憲法の番人

---

p.49 ぴたトレ2

1 (1)①司法制度　②法テラス　(2)ア　(3)ウ

2 (1)Xオ　Yア
(2)(例)合憲か違憲か判断する<u>最終的決定権</u>を
持っているから。

書きトレ! (例)10万人あたりの弁護士の数が非常に少
ない。

考え方

1 (1)①裁判の問題点(利用のしづらさや費用や
時間)を改善するため司法制度改革。②日
本司法支援センターを法テラスという。
(2)イ裁判員は満20歳以上の国民から選ばれる
ので誤り。ウ裁判員も刑罰の内容を決める
ので誤り。
(3)ア被害者が被告人や証人に質問できる制度。
イ検察官が起訴しなかった場合，それが正
しかったのかを審議する機関。

2 (2)最高裁判所は，法律が最終的に合憲か違憲
かの最終決定権を持つため，憲法の番人と
いう。

書きトレ! 資料より，他国に比べて日本の10万人あた
りの弁護士の数が非常に少ないことがわか
る。

---

p.50〜51 ぴたトレ3

1 (1)A二院(両院)　B150　C大統領
(2)委員会
(3)(例)(国務大臣の)過半数を国会議員から選
ばなければならない。
(4)ウ，エ(順不同)

2 (1)①三審制
②簡易裁判所：ウ　高等裁判所：ア

③イ　④XA　YB　ZA　(2)イ

3 (1)Xe　Yd　Za　(2)ウ
(3)①「大きな政府」　②公務員　③規制緩和
(4)①違憲審査制　②番人

考え方

1 (1)B通常国会の会期は150日である。
(2)委員会で審議された後，本会議に送られる。
(3)国務大臣は，内閣総理大臣が指名し，その
過半数は国会議員である必要がある。
(4)ア・イは国会の権限，ウ・エは内閣の権限。

2 (1)①3回まで裁判できるので三審制。　②第
一審は，裁判の内容により，簡易・家庭・
地方裁判所に分かれる。　③第一審から第
二審が控訴，第二審から第三審が上告。
④XとZはAの民事裁判，YはBの刑事裁
判で裁かれる。
(2)ア刑事裁判の第一審，ウ弁護人は被告人席
側の⑤に座る，エ検察官は⑥の検察官席に
座るので，それぞれ誤り。

3 (1)Xは内閣の権限。Yは国会の権限。Zの内
閣不信任案の可決は国会の権限。
(2)国民審査は国民の持つ権利で，国民の投票
で裁判官をやめさせることのできるしくみ。
(3)①図Ⅱより，多くの仕事を行うのは「大き
な政府」。　③規制緩和は行政の無駄を省
く行政改革のひとつ。
(4)①資料より，薬事法(法律)が憲法に違反す
る(無効)と判断するのは裁判所であり，こ
の制度を違憲審査制という。

単元のココがポイント!

国会，内閣，裁判所の各機関の役割を整理して覚えよ
う。

---

p.52 ぴたトレ1

1 ①地方公共団体　②学校　③交通
④地方分権

2 ⑤地方議会　⑥18　⑦条例　⑧首長
⑨不信任　⑩解散

---

p.53 ぴたトレ2

1 (1)イ，エ(順不同)　(2)地方分権

2 (1)①首長　②民主主義
(2)(例)法律の<u>範囲内</u>で制定しなければならな
い。
(3)X18　Y30

考え方

❶ (1)外交と司法は国の仕事なので，イ，エが正解。地方公共団体の仕事には，イの警察や消防，エの(公立の)小・中学校の設置など住民の生活に密接しているものが多い。

(2)中央政府と地方自治体の関係を上下関係から対等・協力の関係にするため，2000年には地方分権一括法が施行された。

❷ (1)①都道府県の首長は(都道府県)知事，市(区)町村の首長は市(区)町村長である。
②地方自治では，住民自身が直接政治に参加する機会が多く，地域の課題を主体的に解決する経験を積むことができるので，地方自治は「民主主義の学校」とよばれる。

(2)日本の法の構成において最も上に日本国憲法があり，そのすぐ下に国権の最高機関である国会が制定した法律がある。条例はその下にあるので法律の範囲内で制定しなければならない。

(3)Y地方公共団体の被選挙権は都道府県知事のみ30歳以上で，それ以外は25歳以上である。

書きトレ! 資料から，首長と地方議員がそれぞれ選挙で選出されていることがわかる。

単元のココがポイント！

国では行政の長である内閣総理大臣(首相)を，国会が国会議員の中から指名するのに対し，地方公共団体の首長は住民の選挙で選出され，地方議員も選挙で選出される二元代表制になっている。

---

p.54 ぴたトレ1

１ ①地方財政　②歳出　③地方税
④地方債　⑤合併

２ ⑥直接請求権　⑦住民投票
⑧ボランティア　⑨NPO

p.55 ぴたトレ2

❶ (1)①歳入
②依存

⚠ミスに注意
地方財政
◆地方交付税交付金と国庫支出金

地方交付税交付金	格差の抑制のために国から配分。
国庫支出金	特定の費用を国が支給。

(2)イ
(3)X ○
　　Y ×

❷ (1)3分の1以上　(2)非営利団体(非営利組織)

考え方

❶ (1)①歳入は，地方財政のうち1年間に得るお金。一方，歳出は，1年間に使うお金。
②依存財源は，歳入の不足分などを国などから補う財源。

(2)国庫支出金は，教育など特定の費用の一部を国が負担するお金なので，イが正解。アは地方債，ウは地方交付税交付金の説明。

(3)市町村合併について「平成の大合併」は，仕事の効率化や財政の安定化を目的とし，1990年から2010年にかけて行われた。Y近年の合併で複数の町村が一つになったことなどもあり，町村の数は大幅に減少したが，市の数はやや増加している。

❷ (1)地方自治では住民に直接請求権が認められており，議会の解散や首長・議員の解職の場合は，原則として有権者の3分の1以上の署名が必要である。

(2)NPOは非営利組織の略称で，地方公共団体と協力しながら利益を目的としないで公共の仕事を行う団体である。

書きトレ! 資料から，鳥取県は東京都と比べて地方税の割合が低く，地方交付税交付金などの割合が高いことがわかる。逆に東京都は，多くの人や企業が集まり，地方税を多く集めることができるので，地方交付税交付金などの割合が非常に低くなっている。

---

p.56～57 ぴたトレ3

❶ (1)地方自治法
(2)(例)住民の生活に密接して，民主主義を実践できる(学ぶ)場であるから。
(3)①×　②×　(4)ア

❷ (1)A二元代表　B条例　Cリコール
(2)①2人　②イ，エ(順不同)
(3)署名数：20,000(2万)人(分以上)
　　請求先：選挙管理委員会

❸ (1)地方財政(財政)　(2)歳入　(3)Aウ　Bア
(4)地方債　(5)イ　(6)合併　(7)ボランティア
(8)ウ

考え方

❶ (1)地方自治法に仕事やしくみなどが定められているほか，日本国憲法にも原則など基本的なことがらが定められている。

(3)①割合が上位5つの項目のうち警察が関係
するのは「防犯」と「交通安全」の2つで，「交
通安全」は35％未満なので×。　②割合が
下位3つの項目のうち特に高齢者に関係す
る項目はないので×。

② (1)B地方独自の法は条例で，有権者の数の50
分の1以上の署名を集めれば，首長に制定
や改廃を請求することができる。
(2)①都道府県議会議員の被選挙権は25歳以上
で，Y・Zの2人である。　②地方議会は
条例・予算の議決や首長の不信任決議の可
決を行うことができるので，イ，エが正解。
(3)署名数について，首長である市長の解職請
求には原則，有権者の数の3分の1以上の
署名が必要であり，市の有権者の数が6万
人の場合，2万人以上である。

③ (3)A地方財政で自主財源であるのは，地方税。
B地方財政で依存財源であるのは，主に地
方交付税交付金，国庫支出金，地方債であ
る。このうち国が財政の格差を抑制するた
めに支給しているのは地方交付税交付金。
なお，Cには国庫支出金，Dには地方債が
あてはまる。
(5)首都圏や都市部をのぞく地方の地方公共団
体では少子化や，人口の流出による人口の
減少が問題になっていて，人口密度は低下
しているので，イが正解。
(8)非営利組織はNon-Profit-Organizationの
略称なので，ウが正解。アは情報通信技術，
イは国連平和維持活動。

第4章 私たちの暮らしと経済

p.58　　　　　ぴたトレ1

1 ①選択　②希少性　③効率
④経済　⑤家計　⑥企業
⑦政府

2 ⑧分業　⑨交換

p.59　　　　　ぴたトレ2

① (1)X○　Y×
(2)①家計　②企業　③政府

② (1)①分業　②交換　(2)A国

📝 (例)求める量(求められる量)が多いのに，
実際の量が少ないから。

考え方
① (1)X食べ物やエネルギー資源には限りがある
ので正しい。Y資源をむだなく効率よく生
産するには，工場の立地，雇う従業員の人
数などを上手に選択する必要があるので誤
り。
(2)労働力を提供するかわりに賃金を受け取る
①は家計，代金や労働力を受け取り，かわ
りに財やサービスを提供する②は企業，税
金を受け取って社会資本や公共サービスを
提供する③は政府があてはまる。

② (1)不得意なものの生産に時間や費用をかける
より，それぞれが得意なものを生産し，た
がいに交換した方が効率が良い。
(2)国をまたいで分業を行うことを国際分業と
いう。生産をするために要した人員を人数
×日数で求めると，A国(500)の方がB国
(640)より少ない人員数で生産できるので，
A国の方が効率が良いといえる。

📝 資料から，ダイヤモンドは，求める量(求
められる量)が多く，実際の量が少ないと
いう座標に位置していることがわかる。

p.60　　　　　ぴたトレ1

1 ①サービス　②家計　③消費支出　④貯蓄

2 ⑤契約　⑥消費者主権　⑦ケネディ
⑧クーリングオフ　⑨製造物責任(PL)
⑩消費者基本　⑪消費者庁

p.61　　　　　ぴたトレ2

① (1)①家計　②貯蓄　(2)サービス
(3)イ，エ(順不同)

② (1)X○　Y×
(2)消費者庁
(3)(例)無条件で契約の解除ができる

📝 (例)現金・預金の割合が高く，株式などの
割合が低い。

考え方
① (2)形のある商品を財，形のない商品をサービ
スという。
(3)消費支出は食品，衣類，教育など生活に必
要な財やサービスに使うもの，非消費支出
は税金や社会保険料など，貯蓄は収入から
消費支出・非消費支出を引いたもので，預
金や株式などの形で将来に残すので，非消
費支出はイ，エが正解。アの教育費は消費
支出，ウの(銀行)預金は貯蓄。

❷(1)契約後，お互いに代金を支払う義務や商品を引き渡す義務を負うので，Ｙは誤り。

(2)消費者庁は，2009年に設置された国の役所である。それまで消費者行政は，さまざまな役所が分かれて行っていたが，消費者庁の設置により統一的に行うことができるようになった。

(3)訪問販売のトラブルは，消費生活相談でも上位の相談件数となっている。クーリングオフ制度は，この訪問販売や電話勧誘で商品を購入したとき，消費者が8日以内なら無条件で契約を解除できるという制度。

書きトレ! 資料から，アメリカでは，貯蓄に占める株式の割合が日本に比べて高いことを読み取る。

単元のココがポイント!

家計は消費生活の単位で，給与，事業，財産により収入を得て，食料，衣類，教育などの消費支出，税金や社会保険料などの非消費支出などを支出している。

---

p.62　　　ぴたトレ1

1 ①流通　②商業　③合理化
④ビッグデータ

2 ⑤市場　⑥需要量　⑦供給量　⑧上昇
⑨均衡価格　⑩市場経済

p.63　　　ぴたトレ2

❶(1)Ｘ×　Ｙ〇　(2)イ

❷(1)Ｘ需要量　Ｙ供給量　Ｚ均衡
(2)市場価格

書きトレ! (例)価格の変動があまり見られず，安定している。

考え方

❶(1)Ｘ百貨店は1990年の少しあとまで販売額が3つの小売業の中で最も多かったが，その後，減少し続け，代わって大型スーパーマーケットが最も多くなり，2017年も最も多い。Ｙコンビニエンスストアは販売額が1990年代に急成長し，2010年の少し前に百貨店をこえ，2017年には2番目であるものの大型スーパーマーケットにせまっている。

(2)流通の合理化とは，生産者と消費者の間で流通の工程を減らし，なるべく流通のしくみを単純にしていくことなので，イがあて

はまる。

❷(1)Ｘ　Ａ曲線は価格が下落するほど数量が増加するので，需要曲線。　Ｙ　Ｂ曲線は価格が下落するほど数量が減少するので，供給曲線。

書きトレ! 農産物であるトマトは出荷量の変動により価格が上下するのに対し，工業製品であるトマトケチャップは計画的に出荷できるので，変動が少ない。

p.64～65　　　ぴたトレ3

❶(1)Ａサービス　Ｂ財　(2)ウ
(3)(例)収入から消費支出と非消費支出を引いた残り。
(4)クレジット

❷(1)Ａ消費者基本　Ｂ自立　(2)ケネディ
(3)イ
(4)①ウ，エ(順不同)　②POS　③製造小売業
(5)環境

❸(1)①減少する　②20万個　③200円
(2)(例)より安い価格で商品を手に入れることができる。

考え方

❶(1)Ａは鉄道で，輸送という形のない商品なのでサービス。　Ｂは家電を販売している店で，家電という形のある商品なので財。

(2)下線部は土地という財産から得られる収入なので，ウが正解。メモの「店からの収入」はイの事業収入，「従業員として働く会社からの収入」はアの給与収入にあたる。

(3)貯蓄は，将来のために残すものであり，預金や株式などの形をとる。

❷(1)Ａ消費者基本法は，1968年に制定された消費者保護基本法を改正して成立した。

(2)アメリカのケネディ大統領は，1962年に「安全を求める権利」，「知らされる権利」，「選択する権利」，「意見を反映させる権利」という消費者の四つの権利を唱えた。

(3)PL法は製造物責任法のことで，欠陥商品による被害についての企業の責任を定めたものなので，イが正解。アは，クーリングオフ制度の内容。

(4)①流通の合理化の例である図では，卸売業者に代わって物流センターが入っている。このように効率的な方式にすることで運送業にかかる費用や，倉庫業にかかる費用が

削減できるので，**ウ，エ**が正解。

(5)図は，環境ラベルの一つで，環境に配慮した商品であることがわかる。

❸ (1)①需要量は，商品の価格が上がるほど減少し，価格が下がるほど増加する。　③需要量と供給量が一致したときの価格を均衡価格といい，図の商品の場合，200円である。

(2)流通にかかる経費が少なくてすむので，商品の価格が安くなる。

p.66 ぴたトレ**1**

1 ①私企業（きぎょう）　②公企業　③資本財　④労働力
⑤技術革新(イノベーション)

2 ⑥株式　⑦株主総会　⑧配当
⑨証券取引所　⑩社会的

p.67 ぴたトレ**2**

❶ (1)ア，ウ　(2)Ｘウ　Ｙア　Ｚイ
(3)技術革新(イノベーション)

❷ (1)①株主総会　②配当
(2)(例)投資した資金以上の負担

📝書きトレ! (例)株価の変動を確認するために読む。

考え方 ❶ (1)私企業は利潤を目的とした企業であり，農家などの個人企業，株式会社などの法人企業がふくまれるので，**ア，ウ**が正解。**イ**の独立行政法人と**エ**の地方公営企業は公共の利益を目的とした公企業である。

(2)Ｘ～Ｚの生産要素は，工場を建てるなど生産を行う場が土地，機械など生産のときに使うのが設備，雇（やと）われて実際に生産を行うのが労働力である。

(3)技術革新は，効率的な生産方法を生みだすものである。たとえばコンピューターの発達により，生産技術などが大幅（おおはば）に改良された。

❷ (1)①株主総会は，株主が参加して株式会社の経営方針の決定や役員の選任などを行う。
②株式を持つ株主は，利潤の一部を配当として受け取ることができる。

(2)株主は，会社が倒産しても投資した資金以上の負担は不要である。

📝書きトレ! 新聞の株式市況欄（しきょうらん）には，企業名である銘柄（めいがら），その日の最初と最後に売買された値段である始値（はじめね）・終値（おわりね），その日に売買された最も高い値段・最も低い値段である高値（たかね）・安値（やすね）な

どが掲載（けいさい）されており，株主たちが株の取り引きを行うときの参考にする。

p.68 ぴたトレ**1**

1 ①資本主義　②起業　③ベンチャー
④独占　⑤寡占　⑥独占禁止
⑦公正取引委員会　⑧公共料金

2 ⑨大企業　⑩中小企業　⑪自由

p.69 ぴたトレ**2**

❶ (1)①寡占　②公正取引委員会
(2)語句：公共料金　記号：イ
(3)(例)消費者が高い価格で購入（こうにゅう）しなければならないことが多い。

❷ (1)①中小企業　②大企業　(2)自由貿易

📝書きトレ! (例)(ベンチャー企業に投資する日本の会社の)投資規模は非常に小さい。

考え方 ❶ (1)①商品の供給が少数の企業（きぎょう）だけなので，寡占の状態。

(2)記号　公共料金には電気料金，都市ガス料金，鉄道運賃，(乗合)バス運賃，郵便料金などがあるので，あてはまらないのは**イ**が正解。

(3)市場が独占の状態などのとき，一つの企業または少数の企業が独断で価格を決定できるので，高い価格になるおそれがある。

❷ (1)日本の企業のうち，大企業は企業数では全体の約0.3%，従業員数では約3割，付加価値額ではおよそ半分を占めている。企業数と従業員数は圧倒的に中小企業が多いことをおさえる。

(2)関税など，貿易の障壁となりそうなものをなるべく取り払うのが自由貿易の考え方である。

📝書きトレ! 資料からイスラエルやアメリカ，韓国（かんこく）などと比べ，日本のベンチャー企業に投資する会社の投資規模が非常に小さく，投資があまり積極的でないことがわかる。

① ①景気　②景気変動　③好景気　④不景気
　　⑤物価　⑥インフレーション(インフレ)
　　⑦デフレーション(デフレ)
② ⑧収入　⑨労働組合　⑩労働基準法
　　⑪労働関係調整法

① (1)Aイ　Bア　(2)①D　②C
　(3)ウ→ア→エ→イ
② (1)ウ

書きトレ! (例)消費者物価指数に大きな変化がない
　　　　(消費者物価指数が停滞している)。

考え方
① (1)A景気変動で後退する直前で好景気(好況)
　　にあたるので，イが正解。　B景気変動で
　　回復する直前で不景気(不況)にあたるので，
　　アが正解。
　(2)①の家計の所得減少・企業の生産減少など
　　から不景気(不況)に向かっている時期のも
　　のなので，Dが正解。　②の家計の所得増
　　加・企業の生産増加などから好景気(好況)
　　に向かっている時期のものなので，Cが正
　　解。
　(3)ア(第一次)石油危機の発生は1973年，イ
　　の平成不況の開始は1991年(1990年代前半)，
　　ウの高度経済成長の開始は1955年(1950年
　　代半ば)，エのバブル経済の開始は1980年
　　代後半なので，古い順にウ→ア→エ→イ。
② (1)労働基準法は，使用者と労働者が対等であ
　　ることや，労働時間週40時間以内，1日8
　　時間以内であること，週最低1日の休みを
　　得られることなどを定めているので，ウが
　　正解。アは労働関係調整法，イは労働組合
　　法の内容。これら三つの法律を労働三法と
　　いう。

書きトレ! 資料から日本がバブル経済であった1990年
　　　　代前半まで消費者物価指数は上昇していた
　　　　が，その後は大きな変化がない。

① ①年功序列　②成果　③外国人　④非正規
　　⑤アルバイト　⑥派遣
② ⑦セクシュアル・ハラスメント　⑧高齢者
　　⑨失業　⑩セーフティネット

① (1)①終身　②非正規
　(2)X×　Y○
② (1)ウ　(2)仕事と生活を両立

書きトレ! (例)正社員の割合が非常に低く，非正規労
　　　　働者の割合が非常に高い。

考え方
① (1)①一つの会社で定年まで勤めることを終身
　　雇用という。年功序列賃金は，年齢ととも
　　に賃金が上昇する制度である。　②非正規
　　労働者にはパート・アルバイトや派遣労働
　　者などがふくまれる。多くで正規労働者(正
　　社員)よりも賃金がおさえられている。
　(2)X…2016年の正社員の人数の割合は，派遣
　　社員の人数の割合より，約25倍なので誤り。
　　Y…2016年のパート・アルバイトの人数の
　　割合は26.0％，1996年は18.0％で，およそ
　　2倍なので正しい。
② (2)ワーク・ライフ・バランスは，仕事と生活
　　を調和(両立)すること。労働者一人一人が
　　生きがいを持って働き，育児・介護などの
　　家庭生活や地域生活といった個人の生活も
　　充実して送ることである。

書きトレ! 資料から，女性は非正規労働者の割合が
　　　　30％以上高く，雇用が不安定な女性が多い
　　　　ことがわかる。

① (1)A私企業　B株主総会
　(2)X売上高　Y従業員数　Z企業数
　(3)ア
② (1)公正取引委員会
　(2)①寡占　②(例)価格の変動が国民の生活に
　　大きな影響をあたえるから。
　(3)①保護貿易　②TPP
　(4)①インフレーション(インフレ)　②ウ
③ (1)イ
　(2)ア
　(3)法律名：労働基準法　記号：イ
　(4)(例)失業した人の生活を保障したり，新た
　　な職場を紹介したりする。

考え方
① (1)B経営方針の決定や役員の選任などが行わ
　　れるのは株主総会。仕事の具体的な決定を
　　行う取締役会とは区別できるようにするこ
　　と。

(2)②Xは中小企業の割合が50%未満なので売
上高，Yは中小企業の割合が約70%なので
従業員数。Zは99%以上なので企業数。

❷ (2)①市場で商品を供給するのが一つの企業だ
けである状態を独占，少数の企業だけであ
る状態を寡占という。
②公共料金となっているものは，電気・ガ
ス・水道など私たちの生活に関係が深いも
のである（ただし，電気・ガスの小売りは
自由化されている）。
(3)①貿易には大きく分けて保護貿易と自由貿
易の2つの考え方がある。保護貿易では，
自国の産業を守るため，安い外国の輸入品
に高い関税をかける。
②TPP11は環太平洋パートナーシップに
関する包括的及び先進的な協定の略称であ
る。
(4)①物価が上昇し続けることをインフレー
ション（インフレ），物価が下落し続けるこ
とをデフレーション（デフレ）という。
②ア，イ，エは好景気のときにあてはまる。

❸ (1)日本は1990年前後に年間労働時間が最も多
く，近年は継続的に減少する傾向にあるも
のの，まだ多いイにあたる。アはアメリカ，
ウはフランス，エはドイツ。
(3)労働三法は，**資料Ⅱ**の労働基準法，労働組
合法，労働関係調整法なので，**イ**が正解。
(4)政府は，失業手当を支給したり，ハローワー
クで新しい職場を紹介したり，職業訓練を
行ったりする。

---

p.76　　　　　　　ぴたトレ**1**

1 ①貨幣
②金融
③直接金融
④間接金融
2 ⑤銀行
⑥為替
⑦利子　⑧預金通貨

> ⚠ **ミスに注意**
> **金融の方法**
> **◆直接金融と間接金融**
>
> | 直接金融 | 金融機関が間に入らない方法。 |
> |---|---|
> | 間接金融 | 金融機関が間に入る方法。 |

---

p.77　　　　　　　ぴたトレ**2**

◆ (1)ア
(2)債券
◆ (1)①預金　②利子（利息）
(2)証券会社
(3)為替

書きトレ! （例）貸し手（預金者）と借り手の間に金融機
関が入り，お金を融通している。

考え方 ❶ (1)貨幣には，財・サービスの価値を表す，財・
サービスと交換する手段となる，価値を貯
蔵するといった役割がある。
(2)債券は，お金を貸したことを証明するもの
である。企業は社債，国は国債，地方公共
団体は地方債を発行し，売買することもで
きる。

❷ (1)①②銀行は，人々の貯蓄を預金として集め
て利子（利息）を支払う。またその預金を企
業などに貸し出し，元金以外に利子（利息）
を受け取っている。通常，銀行が貸した相
手側から受け取る利子（利息）は，預金して
いる人々に支払う利子（利息）よりも高く，
その差が銀行の収入の一つとなっている。
(3)為替による送金は銀行の仕事の一つであり，
振りこみなどの為替を使った送金の仲立ち
を行っている。

書きトレ! 資料Ⅰは，借り手（企業など）が株式や債券
などにより貸し手から資金を集める方法で
ある（直接金融）。資料Ⅱは，貸し手（預金者）
と借り手（企業など）の間に金融機関が入り，
資金を融通する方法である（間接金融）。

---

p.78　　　　　　　ぴたトレ**1**

1 ①中央銀行　②発券銀行　③政府　④銀行
2 ⑤金融政策　⑥公開市場操作　⑦不景気
⑧下げ　⑨好景気　⑩減少

---

p.79　　　　　　　ぴたトレ**2**

◆ (1)中央銀行　(2)①イ　②ア　③ウ
◆ (1)①金融政策　②公開市場
(2)aエ　bウ　cイ　dア

書きトレ! （例）一般の銀行などから国債を買って市場
の通貨量を増やす。

考え方 ◆ (1)各国がそれぞれ中央銀行を置いている。
(2)日本銀行は，発券銀行として日本銀行券を
発行し（イ），政府の銀行として政府の預金
の出し入れを行い（ア），銀行の銀行として
一般の銀行にお金の貸し出しや預金の受け
入れを行う（ウ）。

②(1)日本銀行は公開市場で国債などの売買を行い、市場の通貨量を調節することによって景気の安定を図る。

(2)日本銀行が銀行に国債を売ると、市場の通貨量が減り（エ）、銀行の資金量も減る（ウ）。そこで銀行は貸し出しの金利を上げるので（イ）、企業はお金を借りにくくなり（ア）、新しい設備投資などに慎重になって景気は抑制される。

《書きトレ！》図のXの時期は不景気を表しているので、日本銀行は国債を買って市場の通貨量を増やし、銀行がお金を貸しやすくする。

① ①貿易　②分業　③加工　④黒字
　⑤空洞化　⑥為替相場　⑦円高　⑧不利
　⑨有利　⑩円安　⑪多国籍　⑫金融危機

p.81　ぴたトレ2

① (1)①加工　②金融危機　(2)イ
　(3)X○　Y×

《書きトレ！》（例）自動車の海外生産が国内生産を上回るようになった。

考え方

①(1)①加工貿易は、第二次世界大戦後の長い間行われてきた、原材料を輸入し、それを製品にして輸出するもの。現在も行われているものの、近年は工業製品の輸入が増加している。　②世界金融危機は、2007年にアメリカで住宅価格が下落して低所得者向けの住宅ローンが崩壊したことを背景に、2008年に大手投資銀行が破産したことをきっかけに深刻化して発生した。日本では円高が進み、輸出を中心に不振となった。

(2)1ドル＝100円から1ドル＝80円になるのは、円高である。日本からアメリカに輸出した120万円の自動車は1ドル＝100円のとき12000ドルで輸出していたが、1ドル＝80円になると、120万円の自動車はドルに換算すると120万円÷80円で15000ドルである。円高のとき、アメリカで日本の自動車の価格が上昇するので、売れにくくなる。このように円高のとき、日本にとって一般に輸出は不利になる。

(3)Y1997年から2017年にかけて海外進出した日本企業数は大幅に増加している。最も増

加しているのはアジアに進出した日本企業数であるが、ヨーロッパに進出した日本企業数も増加している。

《書きトレ！》日本の自動車メーカーはアメリカなどとの貿易摩擦のため、1980年代からアメリカなどで海外生産を行ってきた。2000年代以降は費用が安くすむ、経済成長により市場として有望であるなどの理由で、アジアでの海外生産が非常に増加している。

［単元のココがポイント！］

円安のとき、日本にとって輸出が有利、輸入が不利、円高のとき、その逆であることをおさえておこう。

p.82　ぴたトレ1

① ①財政　②予算　③社会資本（インフラ）
　④公共サービス　⑤財政政策　⑥公債
② ⑦国税　⑧直接税　⑨累進課税　⑩間接税

p.83　ぴたトレ2

① (1)社会資本（インフラ）　(2)X×　Y○　(3)イ
② (1)地方税
　(2)説明：納税者と負担者が異なる税金である。
　　記号：ア

《書きトレ！》（例）（課税対象の）所得（額）が高いほど、税率が高くなっている。

考え方

①(1)政府が提供する道路や公園などの社会資本（インフラ）に対し、教育や社会保障などを公共サービスという。

(3)2017年度の国の一般会計（当初予算）の歳出は、上位から社会保障関係費、国債費、地方交付税交付金など、公共事業関係費、文教および科学振興費、防衛関係費である。上位3つの項目は覚えておこう。

②(1)地方税は、地方公共団体に納める税金。都道府県民税や事業税、市町村民税、固定資産税、入湯税などがある。

(2)説明　直接税が納税者と負担者が同じ税金であるのに対し、間接税は負担者と担税者が異なる税金である。　記号　間接税には消費税や揮発油税、関税などがあてはまるので、アが正解。イの法人税、ウの所得税は、相続税などとともに直接税。

ぴたトレ1

1 ①公害　②住民(市民)　③公害対策基本
④環境基本　⑤二酸化炭素　⑥化石
⑦再生可能　⑧分別　⑨循環
⑩リサイクル

ぴたトレ2

1 (1)①住民(市民)　②環境
(2)X 水俣病　Y 四日市ぜんそく
Z イタイイタイ病
(3)(例)環境への負担を減らす
(4)ウ

書きトレ! (例)すべて患者側が全面勝訴している。

考え方

1 (1)①1960年代前後には，公害や消費者問題な
どに関連する住民(市民)運動が起こった。
②環境庁は，公害対策や自然環境の保護に
関連する仕事を行う役所として1971年に設
置され，2001年に省に格上げされた。
(2)X 新潟水俣病は新潟県で，水俣病は熊本県
などで有機水銀(メチル水銀)による水質汚
濁が原因で発生した。　Y 四日市ぜんそく
は，三重県で二酸化硫黄などによる大気汚
染が原因で発生した。　Z イタイイタイ病
は，富山県でカドミウムによる水質汚濁が
原因で発生した。
(4)リユースは使えるものは繰り返し何度も使
うことであるので，ウが正解。アはリデュー
ス，イはリサイクルについての説明。

書きトレ! 四大公害裁判が進む中で，政府や企業の公
害防止への取り組みが本格化していった。

ぴたトレ3

1 (1)A 利子(利息)　B 為替　C 発券
(2)間接金融
(3)(例)貸し手と借り手の間の利子(利息)の差
で利益を上げている。
(4)①中央銀行　②ア　(5)X 円安　Y 円高
2 (1)①直接税　②(例)所得が上がるほど税率が
高くなるしくみ。　③法人税
(2)財政政策
3 (1)①40　②ア　③イ
(2)高福祉高負担　(3)①カ　②ウ　(4)リユース

書きトレ! 資料から，所得(額)が高いほど，税率が高
くなっていることがわかる。これは，累進
課税の方法が導入されているためである。

ぴたトレ1

1 ①社会保障　②25　③社会保険
④公的扶助　⑤社会福祉　⑥公衆衛生
2 ⑦介護保険　⑧後期高齢者　⑨高負担

ぴたトレ2

1 (1)①イギリス　②社会福祉　(2)(第)25(条)
(3)ア
2 (1)○

書きトレ! (例)フランスの国民負担は，社会保障負担
(の比率)も，税負担(の比率)もアメリカよ
り重くなっている。

考え方

1 (1)①20世紀に社会保障制度を最初に確立した
イギリスでは，「ゆりかごから墓場まで」と
いうスローガンをかかげ，生まれてから死
ぬまで続く社会保障制度が目指された。
②社会福祉は弱い立場の人を支援する制度
で，高齢者福祉や児童福祉，障がい者福祉
などがある。
(2)日本国憲法第25条①で「健康で文化的な最
低限度の生活を営む権利」と，社会権の中
心である生存権についての規定がある。ま
た，第25条②で「社会福祉，社会保障及び
公衆衛生の向上及び増進に努めなければな
らない。」と社会保障制度についての規定が
ある。
(3)公的扶助は，最低限の生活ができない人に
生活保護法により生活費などを給付するも
のであるので，アが正解。イは公衆衛生，
ウは社会福祉についての説明。
2 (1)高齢化が進む中，年金の給付額は増加して
いる。

書きトレ! 資料から，低福祉低負担であるアメリカと
比べたとき，高福祉高負担であるフランス
は社会保障負担(の比率)も，税負担(の比
率)も重くなっている。

単元のココがポイント!

日本の社会保障制度の柱のうち公的扶助と社会福祉の
内容の区別ができるようにしておこう。

❶ (1)B為替を使った送金の仲立ちは，お金の貸し出しなどとともに，銀行の仕事の一つである。　C日本銀行の役割には，発券銀行や政府の銀行，銀行の銀行などがある。

(2)企業が株式や社債を発行して自ら資金を集めることを直接金融という。

(3)銀行は集めた預金を企業や個人に貸し出す。そして，預金者へ銀行が支払う利子よりも，企業や個人が銀行に支払う利子を高くし，その差額で利益を上げている。

(4)②日本銀行は不景気のとき，一般の銀行から国債などを買い取り，銀行の資金量を増やそうとするので，アが正解。日本銀行は，一般の企業や家計とやり取りしない。

(5)1ドル＝120円から1ドル＝100円の円高になると，120万円の商品を1万ドルで輸出していた場合，同じ商品を1万2千ドルと割高で輸出することになるので，国内企業にとって輸出が不利になる。

❷ (1)②所得税では累進課税のしくみがとられている一方，消費税は，所得の高低にかかわらず税率が一定なので，所得の低い人ほど所得に占める税金の割合が高くなる逆進性がある。

(2)例えば，不景気のときには減税を行い公共事業を増やす。

❸ (1)①介護保険制度は，40歳以上の人が加入を義務付けられている。介護が必要になったときは，居宅サービス，施設サービス，地域密着型サービスなどを受けることができる。

②公衆衛生は，生活環境の改善や感染症の予防などを行うものなので，アが正解。イは社会福祉，ウは公的扶助の内容。

(2)積極的に経済や社会保障にかかわる方針をとる政府を大きな政府，国の仕事は外交や治安などの最小限にとどめ，それ以外は民間に任せる方針を小さな政府という。大きな政府の場合は税金などの国民の負担も高くなり，小さな政府の場合は国民の負担は低くなる。

(3)①水俣病は熊本県などで発生したので，カが正解。　②イタイイタイ病は，富山県で発生したので，ウが正解。

第5章　地球社会と私たち

p.90　　　　　ぴたトレ1

1 ①国民　②主権国家　③領空
④排他的経済水域　⑤日章旗
⑥国際法　⑦国際協調

2 ⑧竹島　⑨北方領土　⑩尖閣諸島

p.91　　　　　ぴたトレ2

❶ (1)①主権　②公海　(2)ウ
(3)国際法

❷ (1)Aイ　Bア
(2)ロシア(連邦)

記述トレ! (例)周辺の(領海や)排他的経済水域を維持するため。

❶ (2)排他的経済水域は，沿岸から200海里(約370km)までの範囲で設定できるので，ウが正解。日本は，領海を沿岸からアの12海里までの範囲で設定している。

❷ (1)A島根県に属し，韓国に不法に占拠されている竹島なので，イが正解。B日本が支配し，領土問題は存在しないものの，中国と台湾が領有権を主張している尖閣諸島なので，アが正解。ウは，沖縄県に属する日本西端の島。

(2)ロシア(ロシア連邦)に占拠されている北方領土には，択捉島，国後島，色丹島，歯舞群島がふくまれる。

記述トレ! 沖ノ鳥島は東京都に属し，日本の南端の島。満潮時にわずかに島の一部が海面上に出るだけなので，護岸工事がされている。沖ノ鳥島があることで，周辺の(領海や)排他的経済水域を維持することができる。

p.92　　　　　ぴたトレ1

1 ①国際連盟

②国際連合

③ニューヨーク

④国連教育科学文化機関

⑤世界保健機関

⑥総会　⑦安全保障理事会　⑧フランス

⑨常任理事国　⑩非常任理事国　⑪拒否権

⑫平和維持活動

⚠ミスに注意

国際連合の機関
◆UNESCOとUNICEF

UNESCO (ユネスコ)	国連教育科学文化機関の略称。
UNICEF (ユニセフ)	国連児童基金の略称。

🟢 (1)①アメリカ(アメリカ合衆国)　②総会
　　(2)(例)世界の平和と安全を維持する
　　(3)X ×　　Y ×　　(4)ア

書きトレ! (例)常任理事国であるロシア連邦と中国が,
拒否権を行使したから。

考え方 🟢 (1)①1920年に成立した国際連盟の本部がスイ
スのジュネーブにあったのに対し, 1945年
に成立した国際連合の本部はアメリカ(ア
メリカ合衆国)のニューヨークにある。
　②総会で全加盟国が平等に一票を持つのは,
主権平等の原則による。
　　(3)X 1945年から1960年にかけてアジアの加盟
国数が14か国増加したのに対し, アフリカ
の加盟国数は22か国増加した。これには,
1960年は「アフリカの年」とよばれ, 多くの
国が独立したことも関係している。
Y 1980年から1992年にかけてオセアニアの
加盟国数が3か国増加したのに対し, ヨー
ロッパ・旧ソ連の加盟国数は16か国増加し
た。これには, 1991年にソ連が解体したこ
となどが関係している。
　　(4)世界遺産をふくむ文化財の保護, 識字教育
などを行っているのはアのUNESCO(国
連教育科学文化機関)である。イは国連児
童基金, ウは世界保健機関の略称。

書きトレ! ロシア連邦と中国は, 国際連合の安全保障
理事会の常任理事国で, 1か国でも反対す
ると決定できない拒否権を持っている。

1 ①相互依存
　②地域統合(地域主義・リージョナリズム)
　③ヨーロッパ連合(EU)　④ユーロ
　⑤東南アジア諸国連合(ASEAN)
　⑥APEC　⑦TPP11
2 ⑧キリスト　⑨イスラム　⑩多様性

🟢 (1)①地域
　　②東南アジア諸国連合(ASEAN)
　　(2)ユーロ　　(3)ア
🟢 (1)①イ　②エ　(2)B

書きトレ! (例)ヨーロッパ連合(EU)の加盟国間に経
済格差が存在する。

考え方 🟢 (1)②東南アジア諸国連合(ASEAN)は1967年
に成立し, 当初はタイやマレーシアなど加
盟国は5か国であったが, 現在は10か国に
まで拡大している。
　　(2)ユーロはヨーロッパ連合(EU)の共通通貨
で, 加盟国の大半で正式導入されている。
　　(3)環太平洋パートナーシップはTrans-Pacific-
Partnershipなので, 略称はアが正解。イ
はアジア太平洋経済協力会議, ウは南米南
部共同市場の略称。
🟢 (1)キリスト教, イスラム教, 仏教を世界三大
宗教とよぶこともある。ヒンドゥー教はイ
ンドの大部分の人々が信仰する宗教。
　　(2)グローバル化が進み, それぞれ文化・宗教
的背景が異なる人々とも積極的に関わりを
もつ必要がある現代社会では, たがいの文
化や宗教を尊重する姿勢が必要である。

書きトレ! 資料から, ヨーロッパ連合(EU)の加盟国
間に経済格差が存在していることがわかる。
ヨーロッパ連合(EU)に早くから加盟した
西ヨーロッパの国の一人あたり国民総所得
は比較的高く, 近年に加盟した東ヨーロッ
パの国は比較的低い。

単元のココがポイント!

ヨーロッパ連合(EU)や東南アジア諸国連合
(ASEAN)などがどの地域の組織か確認しておこう。

1 ①地域紛争　②テロ(テロリズム)
　③新しい　④難民　⑤避難民
　⑥国連難民高等弁務官事務所
2 ⑦核兵器不拡散　⑧平和主義
　⑨非核三原則
　⑩政府開発援助(ODA)　⑪PKO

🟢 (1)民族　(2)核兵器不拡散条約(NPT)　(3)ア
🟢 (1)①平和　②ODA　(2)イ

書きトレ! (例)アジアの割合が減少し, 中東・北アフ
リカの割合やサハラ以南アフリカなどの割
合が増加している。

① (1)1989年の冷戦終結後に宗教や民族などによる対立が表面化するようになり、国内や周辺国を巻きこんで起こっている。

(2)1968年に採択された、アメリカ合衆国やソ連(当時)などの核兵器保有国以外の国の核兵器保有を禁止するのは核兵器不拡散条約(NPT)である。

(3)イは世界保健機関、ウは国連教育科学文化機関の略称である。

② (1)①平和主義は、日本国憲法の前文と第9条に規定がある。 ②日本はアジアを中心に政府開発援助(ODA)を行ってきたものの近年は割合が減少している。

(2)アは、日本の自衛隊は東南アジア、南アジア、西アジアで国連平和維持活動(PKO)を行っているので、間違っている。ウは、日本の国際緊急援助隊はオセアニアのニュージーランドなどに派遣されているので、間違っている。よって、イが正解。

書きトレ! 資料から、アジアの割合が減少し、中東・北アフリカの割合やサハラ以南アフリカなどの割合が増加している。

p.98 ぴたトレ1

1 ①南北問題 ②貧困
③新興工業経済地域(NIES)
④BRICS ⑤南南問題
⑥マイクロクレジット

2 ⑦化石燃料 ⑧水力発電
⑨東日本大震災 ⑩再生可能エネルギー

p.99 ぴたトレ2

① (1)南南問題 (2)発展途上国
(3)BRICS

② (1)ウ
(2)発電：風力発電
エネルギー：再生可能エネルギー
(3)原子力発電

書きトレ! (例)(発電電源に占める)化石燃料の割合が高い。

① (1)発展途上国とされていた国々の中でも、資源が豊富な国や、工業化が成功した国は経済が成長しており、貧困状態が続く国との格差が広がっている。

(2)ヨーロッパやアメリカ合衆国などの先進国は「北」、アジアやアフリカの発展途上国は「南」に多く位置している。

(3)BRICSは、ブラジル、ロシア連邦、インド、中国、南アフリカ共和国のアルファベットの頭文字から採ったものである。

② (1)化石燃料とは、地中の大昔の生き物の死がいが長い年月をかけて変化してできたもので、石油・石炭・天然ガスなどがある。これらはエネルギー源として長い間使われてきたが、燃やすと地球温暖化の原因とされる二酸化炭素を排出する点が問題となっている。

(2)発電 資料は風力発電の施設である風車。エネルギー 太陽光や風力、地熱、バイオマスなどが、くり返し使うことができる再生可能エネルギー。

(3)東日本大震災で起きた福島第一原子力発電所の深刻な事故により原子力発電は見直され、日本の発電に占める原子力発電の割合は大きく減少した。

書きトレ! ヨーロッパでは再生可能エネルギーへの転換が進んでいるが、日本ではまだ化石燃料による発電が全体の約8割を占めている。

p.100 ぴたトレ1

1 ①酸性雨 ②オゾン層 ③温室効果ガス
④国連環境開発会議(地球サミット)
⑤京都議定書 ⑥パリ協定

2 ⑦国際連合(国連) ⑧持続可能な開発目標
⑨水 ⑩将来

p.101 ぴたトレ2

① (1)①砂漠 ②二酸化炭素
(2)イ (3)ウ

② (1)ウ

書きトレ! (例)温室効果ガスの増加を原因とする地球温暖化で海面が上昇すると水没してしまうから。

① (1)①砂漠化は森林伐採、放牧のやりすぎなどが原因で、アフリカ北部などで発生している。 ②二酸化炭素(CO_2)は、温室効果ガスの中でも地球温暖化に最も影響をあたえている気体。

(2)酸性雨は自動車の排気ガスや工場のばい煙などが原因で，ヨーロッパや東アジアなどで発生しているので，**イ**が正解。**ア**のフロンガスはオゾン層の破壊や地球温暖化の原因。

(3)2015年に採択され，途上国をふくめて排出削減に取り組むことを定めたものはパリ協定なので，**ウ**が正解。

❷ (1)持続可能な開発目標(SDGs)には17の目標が定められており，図は14番目の目標を示している。これは海洋資源に関するもので，「持続可能な開発のために，海洋・海洋資源を保全し，持続可能な形で利用する」ことを目指している。

書きトレ！ ツバルは，太平洋上にあるオセアニア州の島国。国土全体が低地にあるため，地球温暖化で海面が上昇すると水没のおそれがある。

❶ (1)A国民　B領空　C平和
(2)イ　(3)公海自由の原則　(4)①ウ　②イ

❷ (1)①ウ　②ア　③オ　(2)ア
(3)(例)限られた農産物や鉱産資源の輸出にたよる経済である。
(4)エ

❸ (1)①ウ　②温室効果ガス
(2)①Yウ　Zイ　②マイクロクレジット
(3)①地雷　②ア→ウ→イ　③難民

考え方
❶ (1)B領空は，領土と領海の上空である。
(2)アは，北方領土を占拠しているのはロシア連邦なので，間違っている。ウは，竹島を占拠しているのは韓国なので，間違っている。エは，日本の東端は南鳥島で与那国島は日本の西端なので，間違っている。よって，イが正解。
(3)国際法には，条約など文書として定められたもののほかに，公海自由の原則や外交特権のように慣習法として成立したものもふくまれる。
(4)①Xはアメリカ，Yは中国，Zは日本なので，ウが正解。近年，中国の割合は増加している。　②WHOは世界保健機関の略称で，医療や衛生などの活動を行っているので，イが正解。アは国連児童基金

(UNICEF)，ウは国連教育科学文化機関(UNESCO)，エは国際労働機関(ILO)の活動。

❷ (1)①USMCAは米国・メキシコ・カナダ協定の略称なので，ウが正解。　②AUはアフリカ連合の略称なので，アが正解。　③ASEANは東南アジア諸国連合の略称なので，オが正解。
(2)南北問題は先進工業国と発展途上国の間の経済格差なので，アが正解。ウは，南南問題の内容。
(3)モノカルチャー経済は気候や国際相場などの影響を受けやすく，国の経済が不安定になるという課題がある。
(4)BRICSはブラジル，ロシア，インド，中国，南アフリカのことなので，エのインドネシアがふくまれない。

❸ (1)Aは中国，Bはアメリカ，Cはヨーロッパ連合(EU)なので，ウが正解。
(2)①Y近年，人口が2番目に多く，急激に増加しているので，ウが正解。Z人口が最も多いので，イが正解。Xにあてはまるのはア。
(3)②採択されたのはアの核兵器不拡散条約は1968年，イの核兵器禁止条約は2017年，ウの包括的核実験禁止条約は1996年なので，古い順にア→ウ→イ。

終章　より良い社会を目指して

❶ ①課題
❷ ②テーマ　③資料　④考察　⑤レポート

❶ (1)レポート　(2)Bア　Cイ

考え方
❶(2)B・C　レポートの流れは，課題の設定とその理由→ウの(探究の)方法→アの(探究の)内容→イの(探究の)まとめと構想。

出題傾向

＊現代社会の特色と私たちでは，グローバル化，少子高齢化，情報化の出題が多い。少子高齢化がかかえている問題について理解しておこう。

＊私たちの生活と文化では，年中行事，多文化共生するための取り組み事例を確認しておこう。

＊現代社会の見方や考え方では，対立と合意，その際の重要な視点である効率と公正について理解しておこう。採決の仕方での多数決，少数意見の尊重が大切であることを覚えておこう。

❶ (1)①米：ア　魚介類：ウ
　　②(例)輸入相手国の事情で食料の安定確保ができなくなること。
　(2)(例)働く世代の負担が重くなる
　(3)①情報格差(デジタル・デバイド)
　　②個人情報
❷ (1)(例)①初詣　②お盆(盂蘭盆会)　③七五三
　(2)B
　(3)(例)多文化共生のまちづくり
❸ (1)A対立　B合意
　(2)(例)人間は，社会の一員としてでなくては生きていくことができないから。
　(3)①公正　②公正　③効率
　(4)(例)少数の意見を尊重する
　(5)(例)多くなるとは限らない

考え方

❶ (1)①米は唯一自給できている農産物で，いちばん割合の高いア。イは自給率の割合が比較的高いので，新鮮さを要求される野菜。残ったウとエは小麦か魚介類で，小麦はほとんど輸入しているので，自給率の割合のいちばん低いエ。残ったウが魚介類である。
　②食料自給率が低いと，輸入相手国の自然災害や政治体制の転換などにより，輸入がストップしてしまう危険がある。少しでも自給率を高める工夫が必要。

(2)高齢者の数が増えると，高齢者の生活を支える公的年金や医療，介護などの社会保障にかかる費用が増大する。その一方で，それを支える生産年齢人口が減少するため，働く世代1人あたりの負担が重くなる。

(3)生活の中で情報の役割が大きくなってくると，情報を正しく活用する力である情報リテラシーや，情報を正しく利用する態度である情報モラルが求められる。

❷ (1)年中行事も伝統文化の一つである。1月は神社や寺院などへの初詣，8月(地域により7月)は先祖の供養を行うお盆，11月は7歳，5歳，3歳の子の成長を祝う七五三がある。他にも3月にはひな祭りや彼岸，5月には端午の節句，12月には大みそかなどの年中行事がある。

(2)Aは沖縄の伝統的衣装の紅型，Bはアイヌ民族の伝統的衣装のアットゥシである。

(3)特に神戸市中央区には外国人が多く住んでいる。神戸市では，だれもが住みやすいまちの実現に向けて多言語のごみ分別説明資料などが用意されている。

❸ (1)私たちが属している社会集団の中で，考え方の違いから「対立」が生じた場合，話し合いで「合意」を目指す必要がある。

(2)人間はさまざまな社会集団に属し，全くの孤立状態では生きていけないからである。

(3)対立を合意に導く考え方として「公正」と「効率」という2つの視点が重要。①は手続きの公正さ，②は結果の公正さ，③は無駄がないかという効率の視点にたっている。

(4)多数決の場合，一定時間内で採決できるが，少数意見が反映されにくいという欠点がある。そのため，なるべく少数意見をきく機会を設ける必要がある。

(5)例えば，X，Y，Zの3つの案があってそれぞれに賛成する票が40票，30票，30票のとき，多数決で決まったXに賛成の票を入れた人の数は40人，賛成の票を入れなかった人の数は60人(YとZの合計)となり，決まった結果に賛成の票を入れた人の数より賛成の票を入れなかった人の数が多くなってしまう場合がある。

出題傾向

＊人権と日本国憲法では，日本国憲法の三つの基本原理の出題が多い。大日本帝国憲法とのちがいも，象徴天皇制を中心におさえておこう。また，憲法改正の際の手続きも出席議員なのか総議員なのか間違いやすいところである。最近，法の支配についてがねらい目！

❶ (1)①Ａウ　Ｂア　Ｃイ　Ｄエ　②Ａ
　　　③Ｐエ　Ｑウ　Ｒア　Ｓイ
　　　④世界人権宣言
　(2)イ
　(3)①国民の権利
　　　②政府の権利
　(4)(例)臣民の権利として法律の範囲内で認められていた。

❷ (1)①憲法記念日
　　　②(例)日本国憲法が(1947年5月3日に)施行された日
　(2)Ａ象徴　Ｂ主権
　(3)ア
　(4)記号：エ　語句：天皇

考え方

❶ (1)①Ａは「経済生活」「生存を保障する」からワイマール憲法。1919年にドイツで制定され，初めて社会権をもりこんだ憲法である。Ｂは条文形式で「自由で平等な権利」から人権宣言。フランス革命勃発直後の1789年に出された。Ｃは「議会の同意なしに」から権利章典。イギリス名誉革命時に制定された，王権の制限，議会の権限を定めたもの。Ｄはアメリカ独立宣言。独立戦争時の1776年，イギリスからの独立を宣言した。
　③国王の圧政に対する革命は，イギリスで貴族たちが国王に不当な課税や逮捕などの禁止を認めさせることから始まった。そしてアメリカ独立戦争，フランス革命へと続くが，ここまでは自由権と平等権の獲得にすぎず，産業革命後の貧富の差の拡大による社会権獲得は20世紀まで待つことになる。
　④国際連合憲章の中に人権についてもりこまれていなかったため，国際連合はその制定を課題とし，1948年の総会で世界人権宣言を採択した。

(2)それぞれの権力がたがいに他の権力の濫用をおさえて，バランスを取るようにするしくみを三権分立といい，18世紀のフランスの思想家モンテスキューが著書『法の精神』で唱えた。アのマルクスは資本主義を批判し，社会主義をとなえたドイツの経済学者。ウのロックは『統治二論』で抵抗権を唱えたイギリスの思想家。エのルソーは『社会契約論』で人民主権を唱えたフランスの思想家。

(3)図の上下の位置関係を見ると，人の支配では君主が法を用いて国民を支配しているが，法の支配では国民が(代表者を通じて)法を制定して政府といえども法の支配下にあることがわかる。保障されること，制限されることのどちらも，「誰の何を」という観点から説明するとよい。

(4)大日本帝国憲法では，国民のことを天皇の臣民と位置づけ，人権には，法律による制限があった。一方，日本国憲法においては基本的人権の尊重は基本原則の一つになっている。

❷ (1)5月3日は憲法記念日で，1947年5月3日に日本国憲法が施行された日を記念して国民の祝日になっている。公布日の1946年11月3日も，文化の日として祝日になっている。

(2)大日本帝国憲法で主権者とされていた天皇は，日本国憲法では「日本国の象徴であり日本国民統合の象徴」とされており，主権は国民がもつ。よく出題されるので覚えておこう。天皇の国事行為には，助言や承認を含め，内閣が全ての責任を負うことになっている。

(3)憲法第9条は，平和主義ではよく出題される。どの項目が空欄になってもよいように，覚えておこう。

(4)憲法改正もよく出題される。憲法は国の最高法規のため，改正するには複雑で慎重な手続きが必要とされる。法律案の場合は出席議員の過半数で表決されるが，憲法改正の場合は総議員の3分の2以上の賛成が必要とされる。

出題傾向

＊人権と共生社会では，基本的人権，なかでも男女平等に関する問題はよく出題される。また，インクルージョン，ダイバーシティ，ユニバーサルデザイン，バリアフリーなどの新語は意味もしっかり理解しておこう。公共の福祉による制限も一緒に確認しておこう。

＊これからの人権保障では，憲法に規定のない新しい人権の背景にある現代社会の変化を理解しておこう。

❶ (1)永久　(2)幸福追求　(3)法の下
　　(4)記号：B
　　　　理由：(例)結婚や出産を経ても，仕事を続ける女性が増えたため。
　　(5)記号：イ，経済活動の自由
　　(6)①(例)健康で文化的な最低限度の生活を営む権利。
　　　　②生活保護法
　　　　③団結権
　　(7)①ア，ウ，オ　②イ，エ
❷ (1)A 労働基本権　B 居住・移転　C 表現
　　(2)ウ
❸ (1)①知る権利　②(例)自らが選ぶ
　　(2)ウ→イ→ア

考え方

❶ (1)(2)(3)基本的人権の尊重は，日本国憲法の三大原理の一つで，第11条で「侵すことのできない永久の権利」として保障し，憲法第13条の個人の尊重の考え方に基づいている。また，個人の尊重は，「法の下の平等」とセットになっている。すべての人の人権が平等に尊重されるべきであり，差別はあってはならない。
(4)Aが1975年，Bが2017年を示している。女性の大学進学率に触れて，仕事をする人が増えたことや，未婚化の進展で長く仕事を続ける人が増えたことについて書いてもよい。
(5)資料は，憲法第22条の条文で，経済活動の自由にあたる。アとウは精神の自由にあたる。イとエは経済活動の自由にあたるが，イの方が職業を選んでいるので，この条文にあてはまる。エは第29条の財産権の保障。

(6)①資本主義が発達して貧富の格差や労働問題が発生する中，人間らしく生きるための権利として生存権が主張されるようになり，1919年のドイツのワイマール憲法で初めて明文化された。
②生存権は，病気や失業などで生活に困っている人々にとって重要で，その支えになる法律が生活保護法である。
③労働組合をつくる団結権，労働者が使用者側と労働条件などについて交渉する団体交渉権，労働者が，団体交渉が上手くいかないときにストライキなどの争議行為を行う団体行動権の三つをまとめて労働基本権(労働三権)といい，それぞれ法律で保障されている。
(7)参政権には，選挙権，被選挙権のほか，最高裁判所裁判官の国民審査権，地方自治特別法の住民投票権，憲法改正の国民投票権，請願権が含まれるので，ア・ウ・オが正しい。請求権は，裁判を受ける権利のほか，国家賠償請求権，刑事補償請求権がある。よって，イ・エになる。

❷ (1)人権が公共の福祉によって制限される程度は，経済活動の自由については，広く認められている。公務員のストライキを禁止しているのは，社会生活が麻痺してしまうからで，労働基本権の制限の例。現在，世界中で感染者が広がっているCOVID-19などの感染症は，他人の健康被害をまねくため，隔離して感染拡大を防ごうとしているので，居住・移転の自由が公共の福祉によって制限される例。大声でよびかけている選挙カーも何時でもいいかといえば，迷惑行為になる。表現の自由の制限にあたる。

❸ (1)①日本国憲法が施行されてから70年余り，その間，社会は大きく変化し，憲法に明記されていない権利が主張されるようになった。知る権利は，国や地方公共団体のさまざまな情報を手に入れる権利で，情報公開法や情報公開条例が定められている。ここで注意したいのは，知る権利は，国や地方公共団体などの行政機関を対象にしたものであり，個人を対象にしたものでないことである。

出題傾向

＊現代の民主政治では，選挙の課題についての出題が多い。投票率の低下がまねく問題点がねらい目！比例代表制の議席配分の計算もできるようにしておこう。

＊国の政治のしくみでは，国会，内閣，裁判所の働きが出題されやすい。衆議院の優越(ゆうえつ)の内容，議院内閣制のしくみ，裁判員制度の内容，三権分立の図とねらいを理解しておこう。

＊地方自治と私たちでは，直接請求権(せいきゅう)と地方財政についての出題が多い。直接請求権の種類，必要な署名数，提出先をおさえておこう。地方交付税交付金の目的,地方財政の問題点も理解しておこう。

❶ (1)B

(2)イ，オ(順不同)

(3)A内閣総理大臣　B国会議員

　C衆議院が解散されない限り，総辞職しなければならない

❷ (1)刑事裁判　(2)地方裁判所

(3)A検察官　B裁判官　C弁護人

❸ (1)ⓐウ　ⓑエ　(2)(例)権力の濫用(らんよう)を防ぐため。

❹ (1)A600　B首長(市長)(しゅちょう)

(2)C鳥取県　D大阪府

(3)(例)自主財源が少ないこと。

考え方

❶ (1)比例代表制ではドント式の方法をとる。まず，得票数を1，2，3…の整数で割る。得られた答えの大きい順に，定数まで各政党に配分する。ここでは定数が5議席なので，次の表のようになる。よって，5人目の当選者はB党。

	A党	B党	C党
得票数	2400	1800	960
÷1	2400①	1800②	960④
÷2	1200③	900⑤	480
÷3	800	600	320

注)①，②，…は議席が決まる順番。

(2)任期が短く解散もあるため，衆議院が参議院より優先される衆議院の優越が認められている。内容としては，予算の先議，予算の議決，条約の承認，内閣総理大臣の指名，法律案の議決，内閣不信任の議決の6項目である。よって，イとオ。

(3)A国務大臣を任命するのは内閣総理大臣である。B国務大臣の過半数は国会議員の中から選ばなければならないとしている。ここでの国会議員は，衆議院議員と参議院議員のことである。C憲法の条文に，10日以内に衆議院を解散しない限り，内閣は総辞職するとある。

❷ (1)裁判員がいるので，刑事裁判である。

(2)裁判員が参加するのは地方裁判所で行われる第一審だけである。

(3)傍聴人席(ぼうちょうにん)の向かい側に裁判官，左側が検察官で，証言台をはさんで右側に弁護人がいる。

❸ (1)内閣不信任の決議は国会から内閣へ行われるものなので，Zが国会，Xが内閣，残ったYが裁判所になる。アは国会から内閣へ，イは内閣から国会へ，ウは内閣から裁判所へ，エは裁判所から国会・内閣へ，オは国会から裁判所へ行われるものである。よって，ⓐは内閣から裁判所に対して行うものなのでウ，ⓑは裁判所から国会に対して行うものなのでエ。

❹ (1)条例の制定・改廃(かいはい)は，有権者の50分の1以上の署名を集めて首長に請求する。有権者3万人の50分の1は，30000÷50＝600(人)である。よって，Aは600，請求先のBは首長(市長)である。

(2)地方公共団体間の財政格差をおさえるために国から配分されるのは地方交付税交付金で，その割合が最も大きいのはグラフから鳥取県である。また，地方税の割合が国庫支出金の割合より大きい府県は，大阪府と鳥取県であるが，そのうち，地方債の割合が小さいのは大阪府である。

(3)地方公共団体の収入には，地方公共団体が独自に集める地方税などの自主財源と，国などから配分される依存財源がある。依存財源には地方交付税交付金や国庫支出金，借金である地方債(さい)がある。少子化や都市への人口移動などで，多くの地域では人口減少にともなう過疎の問題がおこっており，自主財源である地方税収入が少ないことが問題になっている。

＊消費生活と市場経済では，消費者の権利を守るための製造物責任法(PL法)についての出題が多い。内容を理解しておこう。また，流通の合理化についても，どのようにしてコストをおさえる努力をしているか，理解しておこう。市場経済では，価格の決まり方がよく出題される。需要曲線と供給曲線の図は確認しておく。

＊生産と企業では，株式会社のしくみや生産の集中・独占についての問題が出題されやすい。株主の権利や市場の独占を防ぐための法律や制度を理解しておこう。公共料金が設けられている理由も説明できるようにすること！

❶ (1)①財：2つ　サービス：3つ
　　②契約
　(2)①(例)企業の過失を証明できなくても，企業に被害の救済を求められる
　　②クーリングオフ制度
　(3)記号：ア　C均衡価格
❷ (1)X公企業　Y利潤　(2)ベンチャー企業
　(3)A株主　B株式　C配当　D株主総会
　　E証券会社
　(4)社会的責任
　(5)①(例)高い商品を買わされること。
　　②法律：独占禁止法
　　　機関：公正取引委員会

考え方

❶ (1)①財は形のあるものなので，「参考書を1冊買って」と「コンビニエンスストアでアイスを1個買い」の行為があてはまる。サービスは形のないものなので，「歯科医院で治療を受けた」「バスに乗って」「美容院で髪を切ってもらった」の行為があてはまる。
　　②契約内容は当事者どうしで自由に決められることを契約自由の原則という。しかし，売り手が商品に欠陥があることをわざと買い手に伝えなかったり，どちらか一方に不利な条件を無理におしつけて契約させたような場合などは契約を取り消したり，解除できる。

　(2)②資料の通知書からクーリングオフと判断できる。お店での購入やインターネットの通信販売などは，購入者が自らの意思で判断しているため，クーリングオフの対象にならない。
　(3)供給曲線は生産者の売りたい量を示している。価格がPのとき，供給量が需要量(消費者が買いたい量)より多いので，商品が余ることになり，価格は下がっていく。需要量と供給量が一致するQの価格に落ち着き，このQを均衡価格という。
❷ (3)株式会社は，株式(B)の発行によって集めた資金をもとにつくられる会社である。資金を提供して株式を購入したものを株主(A)といい，会社の経営方針などを話し合う株主総会(D)に出席することができる。また，株主は，企業が得た利潤の一部を配当(C)として受け取ることができる。さらに，株主は自分の持っている株式を，証券会社(E)を通じて自由に売買することができる。
　(4)現代の企業は，利潤追求の生産活動だけでなく，人々の暮らしを向上させる社会的責任(CSR)を負っている。従業員の雇用を守ることはもちろん，文化活動の支援や，メーカーにおいてはより環境にやさしい商品の開発など，さまざまな社会的責任をはたすことが期待されている。
　(5)①少数の企業による市場支配が進むと，価格競争が弱まり，少数の企業が足並みをそろえて，価格や生産量を決めることになりがちである。このような価格を寡占価格という。寡占価格は，自由競争のもとでの需要量と供給量によって決まる市場価格に比べて高く設定されがちである。
　　②国は，市場において企業間の自由な競争をうながし，消費者の利益を守るために独占禁止法を制定し，その運用を行うために公正取引委員会を置いている。公正取引委員会は，独占禁止法にふれる行為があれば，排除命令などを出して企業の行為を規制する。

出題傾向

＊企業と労働では，労働基準法と非正規労働者について確認しよう。ワーク・ライフ・バランスは意味を説明できるように！

＊金融では，日本銀行，為替相場についての出題が多い。日本銀行の公開市場操作，円高・円安について理解しておこう。

＊財政と国民の福祉では，国の財政と社会保障についての出題が多い。財政・社会保障と少子高齢化の関係をおさえておこう。

❶ ⑴労働基準法

⑵ワーク・ライフ・バランス

⑶資料Ⅰ：(例)非正社員が増えていること。

　　資料Ⅱ：(例)年齢が上がっても賃金が上がりにくいこと。

❷ ⑴直接金融

⑵①発券銀行　②政府の銀行

　　③銀行の銀行

⑶デフレーション(デフレ)

⑷①ア　②ウ　⑸円高　⑹ア

❸ ⑴A社会資本　B公共　C再分配

⑵イ　⑶ウ

⑷(例)現役世代の負担が重くなる。

⑸イ

考え方

❶ ⑴労働基準法は，労働時間や休日の他に，男女同一賃金の原則や最低年齢，深夜労働などについても定めている。

⑵近年，年間労働時間はしだいに短くなり，週休2日制を採用する企業も増えているが，欧米諸国と比べると依然として長い。そのため，過労死が社会問題になったケースも多く，労働時間を短くして，仕事と個人の生活を両立したワーク・ライフ・バランスが提唱されている。

⑶近年，グローバル化が進み，国際競争が激しくなったことを背景に，正社員(正規労働者)の数をおさえ，非正社員(非正規労働者)を雇うことで賃金をおさえようとする企業が増えている。非正社員は，正社員と同じ仕事をしていても賃金がおさえられ，企業の業績が悪化すると契約解除されるなど，安定した生活が送りにくく，そのため，既婚率も低く，少子化の一因にもなっている。

❷ ⑴金融には，企業が株式や債券を発行して資金を集める場合のように，貸し手と借り手が直接貸し借りを行う直接金融と，銀行などの金融機関を仲介して行われる間接金融がある。

⑷日本銀行が行う景気の安定策が金融政策で，公開市場操作という。不景気のとき，銀行がもつ国債などを買いとり，代金を支払う。一般の銀行は貸し出せるお金が増え，積極的に貸し出そうと，貸し出すときの金利を下げる。企業はお金を借りやすくなり生産が活発になって景気が回復する。好景気のときはその逆である。

⑸外国との貿易や海外旅行の際，円と外国の通貨を交換する必要がある。その交換比率を(外国)為替相場という。1ドル＝100円が1ドル＝80円になると，それまで100円していたアメリカ製の1ドルの商品が80円で買えることになり，円の価値が上がったことを意味し，これを円高という。

⑹円安のとき，アメリカからの輸入が減少し，日本からの輸出は増加する。外国からの旅行者は，日本で使える円が多くなるので，日本に旅行する人が増える。

❸ ⑴A社会の全ての人が利用できる施設などを社会資本という。B警察，消防，教育などの，民間では提供しにくい公共サービスも政府や地方公共団体の仕事になる。C累進課税制度や社会保障，雇用対策を行うことで，所得格差を減らすことができ，これを所得の再分配という。

⑶少子高齢化にともない年金や医療費などの社会保障関係費の割合が年々高くなっているのでZは社会保障関係費があてはまる。なお，Xは公共事業関係費，Yは国債費である。

⑷高齢者の人口が増えるため社会保障に必要な費用が増大するが，高齢者を支える現役世代の人口が減少するため，社会保障制度をこのまま続けると，現役世代の負担が大きくなる。

⑸政府が歳入や歳出を通じて景気を安定させる政策を財政政策という。不景気のときには，歳出面で公共事業への支出を増やす。歳入面では減税を行う。減税によって(可処分)所得が増えるので，消費が増えることが期待される。

出題傾向

＊国際社会のしくみでは，国際連合についての出題が多い。安全保障理事会の常任理事国の拒否権（きょひ）について理解しておこう。

＊さまざまな国際問題では，地球環境問題についての出題が多い。地球温暖化を防ぐための取り組みをおさえておこう。貧困問題もねらい目！フェアトレードについて理解しておこう。

＊これからの地球社会と日本では，日本の国際貢献（こうけん）への取り組みをおさえておこう。人間の安全保障，持続可能な社会について理解しておこう。

❶ (1)A主権　B国際法
　　(2)①イ　②排他的経済水域（はいた）
　　(3)①(例)1か国でも反対すると決定できない。
　　　　②x カ　y エ　z ウ　③ア

❷ (1)ウ　(2)エ

❸ (1)A エ　B イ　C ウ
　　(2)①京都議定書　②パリ協定

❹ (1)A持続可能　B人間の安全保障
　　(2)①化石燃料
　　　　②利点：(例)自然エネルギーを利用し，温室効果ガスを排出しない。
　　　　　課題：(例)発電コストが高く，電力供給が自然条件に左右される面もある。
　　(3)フェアトレード　(4)ア

考え方

❶ (1)A主権は，内政不干渉（かんしょう）の原則と主権平等の原則からなっている。B国際法は，条約や国際慣習法などからなっている。
　　(2)①領空は領土と領海の上空なのでイ。
　　②領海の外側の沿岸から200海里（かいり）までの水域が排他的経済水域である。
　　(3)①国際連合の安全保障理事会の常任理事国5か国には，重要事案に対して1か国でも反対すると決定できない拒否権がもたされている。
　　②x はUNICEF（ユニセフ）(国連児童基金)，y はWHO(世界保健機関)，z はUNESCO（ユネスコ）(国連教育科学文化機関)の内容。
　　③PKO(平和維持活動)の内容はア。イは総会，ウはUNHCR(国連難民高等弁務官事務所)の内容。

❷ (1)Zは単位が億人なので人口，残り2つのうち，金額の大きいYが国内総生産と判断しよう。よって，ウが正解。
　　(2)南南問題は，発展途上国間の経済格差なので，③と④の組み合わせが正解。先進国である①のアメリカや②のドイツと③や④の経済格差は，南北問題である。

❸ (1)Aは工場のばい煙（えん）などによる酸性雨で被害（ひがい）を受けた森林，Bは森林の伐採や過耕作などで砂漠化が進んでいる状況（じょうきょう），Cは地球温暖化の進行により氷河（ひょうが）が少なくなっている状況を示している。
　　(2)①1997年，先進国に温室効果ガスの排出削減（はいしゅつさく）を義務付ける京都議定書が採択されたが，アメリカの離脱（りだつ）や先進国と途上国との利害対立が起きた。
　　②2015年，パリ協定が採択され，産業革命前からの気温上昇を2度より低くおさえるという目標に向けて，途上国をふくむ196か国・地域がそれぞれ削減目標を立てて取り組むことになった。

❹ (1)A「持続可能な社会」とは，将来の世代も現在の世代もどちらも満足させられる社会のこと。B「人間の安全保障」とは，だれもが飢餓（きが）や病気，抑圧（よくあつ）から自由に生きられる社会を目指すということ。
　　(2)①石炭や石油，天然ガスなどの化石燃料には限りがあること，燃やすときに地球温暖化の原因とされる二酸化炭素などを排出することから大量消費を見直す動きがはじまっている。
　　②再生可能エネルギーの最大の利点は，資源を確保する必要がなく，温室効果ガスを排出しないことである。課題は，発電コストが高いことである。
　　(3)発展途上国の原料や製品を適正な価格で継続的に購入（こうにゅう）することにより，立場の弱い途上国の生産者や労働者の生活改善を目指す運動で，国際価格が下落しても一定の価格で取り引きされる。
　　(4)アメリカ同時多発テロ（しはん）により，アメリカはテロ組織を支援したアフガニスタンを攻撃（こうげき），次にイラク戦争へとつながった。